Das tapfere Schneiderlein, das bin ich: Mira Fabrizio!

Als passionierte Kleidermacherin veredle ich meine Stücke mit persönlichem Herzblut, einer eigenen Seele und selbstverständlich ausreichend Kreativität und Fingerfertigkeit. Dabei begleitet mich die Liebe zu meinem Beruf seit nunmehr 13 Jahren, in denen ich mich als selbstständige Schneiderin bezeichnen darf.

Aus Stoff und Wolle etwas ganz Besonderes zu zaubern – gibt es etwas Schöneres? Schließlich ist mir kein Wunsch fremd, denn ich finde stets eine passgenaue Lösung für jedes Kleidungsproblem.

Gerne möchte ich Euch an meinem kreativen Schaffen teilhaben lassen. Lasst uns gemeinsam in ein außergewöhnliches Universum eintauchen, das ausreichend Stoff für Legenden, Abenteuer und zeitlose Liebe zum Schneiderhandwerk bereithält.

Herzlich willkommen in meiner einzigartigen Welt…

Mira Fabrizio

www.dastapfereschneiderlein.net

Das tapfere Schneiderlein

DAS TAPFERE SCHNEIDERLEIN KANN AUCH STRICKEN…

Mira Fabrizio · Speyerer Straße 111 · 67117 Limburgerhof · Telefon 06236 428387

Sandrina Lederer   Oliver Götz   Kai-Uwe Lippler

LEBEN, WOHNEN & GENIESSEN
Pfalz

EIN ORT ZUM ENTSPANNEN: DER KURPARK IN BAD DÜRKHEIM.

INHALT

EIN BLICKFANG: DER TRIFELS.

IN ANNWEILER LADEN MALERISCHE
GASSEN ZUM SCHLENDERN EIN.

Auf dem einfachsten Weg zu den spannendsten Adressen der Region! Neben jedem Porträt finden Sie einen QR-Code. Beim Einscannen dieses QR-Codes erstellt sich automatisch ein Eintrag in Ihrem Smartphone mit allen relevanten Daten wie Adresse, E-Mail, Internetadresse und Telefonnummer. Mittels eines Routenplaners lässt sich anhand dieser gespeicherten Daten eine Route durch die Stadt erstellen.

Meisenheim
184

Kappeln
186

Dielkirchen

270

Offenbach-
Hundheim

48

Rockenhausen

Hohenöllen

420

Ulmet

Wolfstein

Winnweiler 192

Wartenberg-
Rohrbach

Kusel

188

62

432

Otterbach

Pfälzer

68 176 178 180 37

Kaiserslautern

6

Landstuhl
Fleischackerloch

Waldmohr

270

Bruchmühlbach-
Miesau

Wald

4

48

Homburg

166

164

Weihermühle

Waldfischbach-
Burgalben

Zweibrücken

8

10

Hornbach

Hinterweidenthal

136

160 162

154 156

144

Hauenstein 142

Pirmasens
Schloßbrunnen

148

**Dahner
Felsenland**

427

Gossersweiler-Stein

Frankreich Deutschland

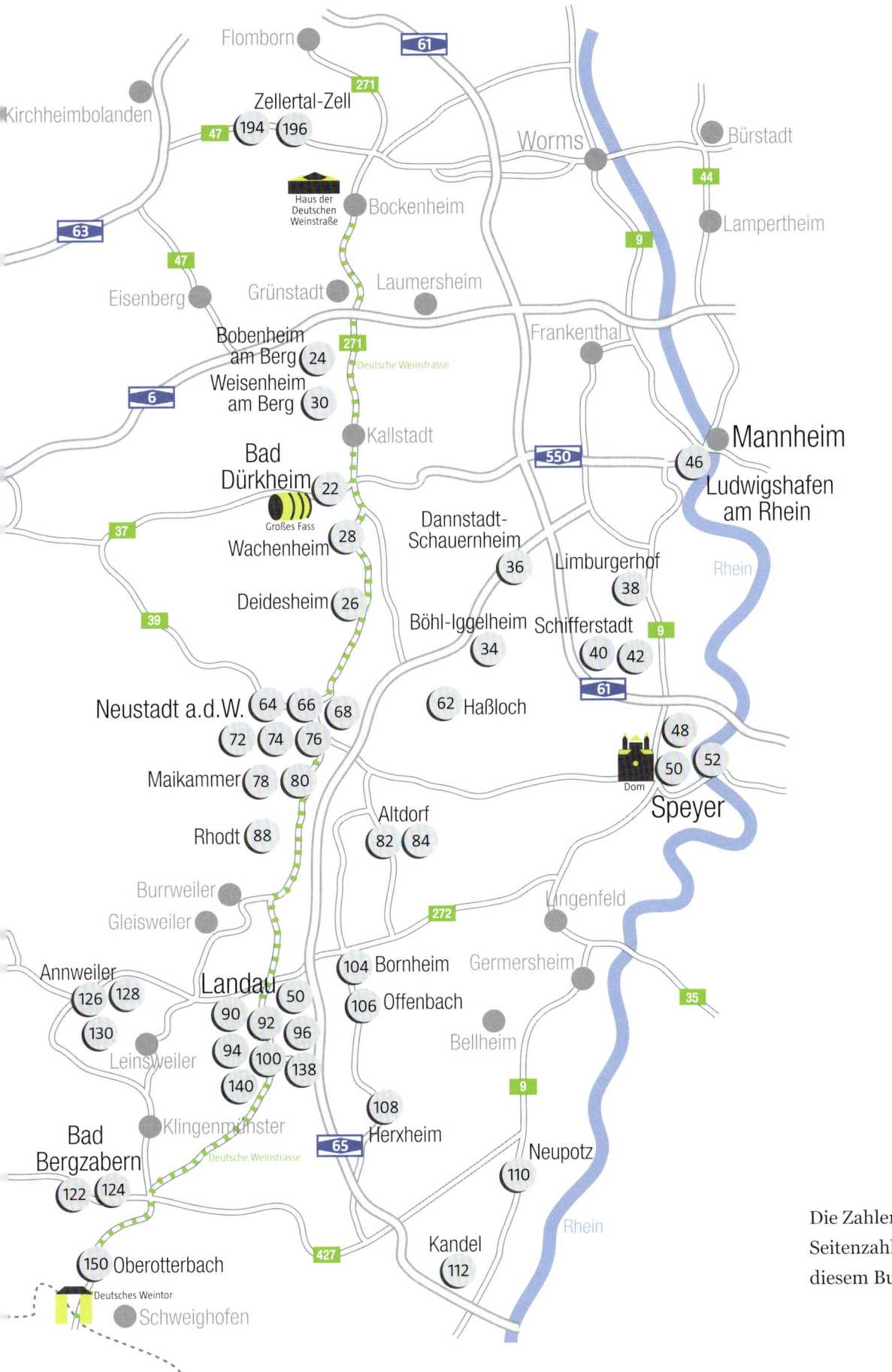

Flomborn

Kirchheimbolanden

Zellertal-Zell

194 196

Haus der Deutschen Weinstraße

Bockenheim

Worms

Bürstadt

Lampertheim

Grünstadt

Laumersheim

Eisenberg

Bobenheim am Berg 24

Weisenheim am Berg 30

Deutsche Weinstrasse

Frankenthal

Kallstadt

Mannheim

Ludwigshafen am Rhein

Bad Dürkheim 22

Großes Fass

Wachenheim 28

Deidesheim 26

Dannstadt-Schauernheim

36

Limburgerhof

38

Rhein

Böhl-Iggelheim

34

Schifferstadt

40 42

Neustadt a.d.W. 64 66 68

72 74 76

Maikammer 78 80

62 Haßloch

Rhodt 88

Altdorf

82 84

Dom

Speyer

48

50 52

Burrweiler

Gleisweiler

Lingenfeld

Annweiler

126 128

130

Landau

90 92

94 100 138

140

50

96

Leinsweiler

104 Bornheim

106 Offenbach

108

Germersheim

Bellheim

35

Bad Bergzabern

122 124

Klingenmünster

Deutsche Weinstrasse

65

Herxheim

9

Neupotz

110

Oberotterbach

150

Deutsches Weintor

Schweighofen

Kandel

112

Rhein

Die Zahlen in der Karte sind identisch mit den Seitenzahlen der verschiedenen Betriebe in diesem Buch und zeigen ihre Lage in der Region.

UMGEBEN VON EINEM MEER AUS REBEN: EINE KIRCHE IN ST. MARTIN.

VORWORT

Schon der griechische Tragödiendichter Euripides sagte: „Wo aber der Wein fehlt, stirbt der Reiz des Lebens." Diese Gefahr besteht in der Pfalz zum Glück nicht, denn an Wein mangelt es hier ganz und gar nicht. Stattdessen ist das zweitgrößte Weinanbaugebiet Deutschlands geprägt von seiner Rebenlandschaft. Hier fühlen sich nicht nur zahlreiche Weinsorten besonders wohl, auch die Menschen genießen das Klima und die Natur, die das Leben hier besonders reizvoll gestalten. Daher trifft der Buchtitel „Leben, Wohnen & Genießen – Pfalz" den Nagel genau auf den Kopf. In dieser Region werden alle drei Komponenten zu einer Einheit verbunden. Eine Einheit, die Sie in diesem Buch näher kennenlernen. Denn die Pfalz hat natürlich noch mehr Reizvolles zu bieten als die Vielfalt des Weins. Bei unserem Streifzug durch die Pfalz unternehmen Sie eine Fahrt auf der Weinstraße, wandern durch den Pfälzerwald, entdecken malerische Orte und geschichtsträchtige Sehenswürdigkeiten. Lassen Sie sich von der Farbenpracht der Mandelblüte und einem ganz außergewöhnlichen Trinkglas verzaubern. Dem Charme des Dubbeglases kann sich kaum jemand entziehen. Die Pfalz ohne Wein ist natürlich unvorstellbar. Doch auch die Menschen machen diese Region zu der, die sie ist: einem Ort, an dem Geselligkeit großgeschrieben wird und die Lebensfreude überall spürbar ist. Pfälzer sind nicht kontaktscheu, sondern bereiten Fremden ein herzliches Willkommen. Auf den zahlreichen Weinfesten können Sie sich selbst davon überzeugen, denn an den langen Bänken kommt man bei einer Schorle sofort ins Gespräch. Es sind eben auch die Menschen, die das Leben in der Pfalz mit ihrer fröhlichen Art bereichern. In diesem Buch treffen Sie auf Personen, die mit Leidenschaft und Kreativität für ein reizvolles Angebot in den Bereichen Leben, Wohnen und Genießen sorgen. Lassen Sie sich von der Vielfalt überraschen. Viel Spaß bei der Entdeckungstour durch die besondere Pfalz wünscht Ihnen

Sandrina Lederer

EINE HERRLICHE NATURKULISSE: DER PFÄLZERWALD.

TOLLE AUSSICHT VON DER KLEINEN KALMIT AUF DEN HAARDTRAND BEI ILBESHEIM.

EIN BUNTES MEER AUS REBEN
KLARES PROFIL: RIESLING

Grün, Rot, Braun – je nach Jahreszeit präsentiert die Rebenlandschaft ein buntes Farbenspiel, das zu dem typischen Charakter der Region beiträgt. Mehr als 100 Millionen Rebstöcke werden von etwa 3600 Winzerbetrieben bewirtschaftet. Jährlich entstehen hier ungefähr 2,5 Millionen Hektoliter Wein. Kennzeichnend ist das milde Klima, das den Weinen eine ganz besondere Note verleiht. Das Weinbaugebiet Pfalz kann zudem einige Superlative vorweisen. So ist die Pfalz mit fast 23400 Hektar das zweitgrößte deutsche Weinanbaugebiet – nur Rheinhessen hat ein paar Hektar mehr zu bieten. Dieser beliebte Tropfen, der auch als der „König der Weißweine" bezeichnet wird, wird auf einer ständig wachsenden Fläche angebaut. 5455 Hektar machen die Pfalz seit 2008 zum weltgrößten Riesling-Anbaugebiet. Die Spitzenqualität der Pfälzer Winzer hat sich in der ganzen Welt herumgesprochen. Schon bei der Eröffnung des Suezkanals 1869 wurden Spitzenrieslinge von der Mittelhaardt, dem nördlichen Weinbaubereich der Pfalz, gereicht.

Doch es werden nicht nur weiße Sorten angebaut. Auch die Vielfalt an Roten nimmt immer mehr zu. Mittlerweile nehmen die roten Sorten fast 40 Prozent der Anbaufläche ein. Dies macht die Region zudem zu Deutschlands größtem Rotweingebiet. Die Hauptrolle übernimmt dabei der Dornfelder. Aber auch Spätburgunder und Portugieser haben eine nicht minder wichtige Nebenrolle inne. Im Bereich der Weißherbste, die meistens aus der Portugieser-Traube gewonnen werden, gehört die Pfalz zum Marktführer. Eine bedeutende Rebsorte ist zudem der St. Laurent, der vom Aussterben bedroht war und von Pfälzer Winzern davor bewahrt wurde.

Die Zutat für den „König der Weißweine": Riesling-Trauben.

Bei einem guten Gläschen Wein lässt es sich am besten plaudern.

Den Wein dort genießen, wo er entsteht: Zahlreiche Plätze laden in den Weinbergen zum Picknicken ein.

Die Qualität der Weine wird bei neutralen Verkostungen streng kontrolliert. Die Pfalz ist sogar das einzige deutsche Anbaugebiet, das ein eigenes Gütezeichen vergibt: Eine Silberkapsel mit dem Schriftzug DC Pfalz macht die Weine der Region erkennbar. Auch bei zahlreichen Preisverleihungen im In- und Ausland stehen Pfälzer Erzeugnisse aus den weißen wie auch den roten Gewächsen jährlich auf den Sieger-treppchen. Dies belegt die gute Qualität, die die Winzer mit ihrer intensiven Arbeit in den Rebanlagen erzeugen. Von dieser können sich Touristen und Einheimische auf den zahlreichen Weinfesten der Region selbst überzeugen. Die Weinfest-Saison startet Ende April oder Anfang Mai und endet im Oktober. Einen Kalender, der alle Weinfeste auflistet, gibt es im Internet unter www.pfalz-weinfeste.de.

DAS DUBBEGLAS EROBERT DIE SOUVENIRBRANCHE

Dieses Gefäß zieht alle Blicke auf sich: das Dubbeglas. Dieser einen halben Liter fassende Trinkbecher, der aufgrund der Vertiefungen quasi ein gepunktetes Kleid trägt, verdankt eben genau diesem charakteristischen Aussehen seinen Namen: Mit Dubbe werden in der Pfalz Punkte oder Tupfen bezeichnet. Dabei ist das Dubbeglas zwar typisch pfälzisch, aber nicht in der ganzen Pfalz zu Hause. Es wird eher in der Vorderpfalz von Winzern genutzt, die darin bei Weinfesten ihren Gästen eine erfrischende Schorle – oder wie man als Einheimischer sagt: Schoppe – servieren. Wie genau dieses ganz besondere Glas entstanden ist, ist nicht exakt belegt. Allerdings wird sich erzählt, dass seine Geburtsstunde auf dem Wurstmarkt in Bad Dürkheim war. Metzger wollten Gläser, die über eine bessere Griffigkeit verfügen, weil ihnen die üblichen Stangengläser ständig durch die fettigen oder feuchten Hände rutschten. Dies wird beim Dubbeglas verhindert, denn die Vertiefungen sorgen dafür, dass die Fingerkuppen dort bestens Halt finden. Noch heute benutzen die Winzer der 36 Schubkärchler, so nennt man die traditionellen Winzerstände auf dem Dürkheimer Wurstmarkt, für den Ausschank ihrer Weine Dubbegläser. Diese sind meistens mit ihrem Logo bedruckt und daher auch ein begehrtes Sammlerstück, das gerne von Touristen als Souvenir mit nach Hause genommen wird. Auch in Pfälzer Schränken finden sich solche Exemplare. Denn die Gläser sind praktisch und eignen sich nicht nur für eine Weinschorle. Wasser, Saft oder Saftschorlen schmecken daraus genauso gut.

Das Potenzial des Dubbeglases hat auch die Tourismusindustrie erkannt. So gibt es den kultigen Trinkbehälter längst nicht mehr nur als Glas. Angefangen hat der Aufstieg des Dubbeglases mit dem Wurstmarkt-Orden, den Dania Mayer seit 2000 auf dem größten Weinfest der Welt verkauft und für den sie ein durchsichtiges Minidubbeglas angefertigt hat. Dieses ziert den Anstecker, der jährlich ein aktuelles Motto aufgreift, in begrenzter Stückzahl produziert wird und bei Sammlern äußerst beliebt ist. „Danach haben viele verschiedene Ideen entwickelt, die das Dubbeglas in den Mittelpunkt stellen", berichtet Swen Sobanski. Er vertreibt in seinem

Schmuckes Dubbeglas: Das Kultgefäß gibt es auch als Ohrringe oder Anhänger.

Welches Dubbeglas darf es sein? Blau, grün oder rot?

Für echte Pfalz-Fans: die Dubbeglas-Kette.

Swen Urbanski hat sich von des Pfälzers Lieblingsglas ebenfalls inspirieren lassen. Er hat den „Dubbeglascooler" entwickelt, den man natürlich auch bei ihm im Shop kaufen kann. „Die Umhüllung aus Neopren sorgt dafür, dass die Schorle länger kalt bleibt", erklärt Swen Urbanski und ergänzt: „Natürlich hat auch der kühle Mantel das Dubbedesign." Da es das Dubbeglas nicht nur in der großen 0,5-Liter-Variante gibt, sondern auch in einer 0,25-Liter-Größe, wird der Cooler natürlich auch in klein angeboten.

Diese Vielfalt hat dazu beigetragen, dass ein Glas, das in der Vorderpfalz beheimatet ist, zu einem richtigen Kultobjekt geworden ist. Stets beflügelt das Design kreative Köpfe, die mit neuen Dubbe-Ideen um die Ecke kommen.

Die Souvenirs sind sowohl bei Touristen als auch Einheimischen sehr beliebt. „Urlauber nehmen so ein Stück Pfalz mit nach Hause, und die Pfälzer bekennen sich damit zu ihrer Heimat", meint Swen Urbanski. Damit ist das Dubbeglas sowohl Mitbringsel als auch ein Identifikationsobjekt, das die Zugehörigkeit oder die Liebe zu einer Region zum Ausdruck bringt. Urbanski hat selbst auf Reisen immer ein Dubbeglas dabei. „Zum einen trinke ich gerne aus diesen Gläsern, und zum anderen ist das Dubbeglas ein richtiger Kommunikationsgarant, denn man wird ständig auf das Glas angesprochen."

Bei dieser Gelegenheit kann man dann gleich auch mit der neuen Bekanntschaft einen Brauch in die Tat umsetzen. Es wird nämlich gesagt, dass das Dubbeglas früher in einer geselligen Runde von Hand zu Hand ging: Jeder nahm daraus einen Schluck und reichte es dann an den Nachbarn weiter. Ein Brauch, der immer noch unter Pfälzern bei Weinfesten üblich ist. Prost!

Pfalz-Shop, der seinen Sitz in Freinsheim hat, übers Internet regionale Souvenirs. Im Sortiment taucht das Dubbeglas gleich mehrfach auf. Es hat sogar eine eigene Rubrik: Unter „Dubbe, Dubbe, Dubbe!" finden Liebhaber nicht nur die gläsernen Trinkbecher, die auch in bunten Varianten vorhanden sind, sondern alles, was es rund um das kultige Pfälzer Glas sonst noch gibt. Schlüsselanhänger, Duftbäumchen, Teelichthalter oder Pins – per Mausklick kommen die Dubbesouvenirs direkt nach Hause. Es gibt sogar eine eigene Schmuckkollektion „Pfalz am Halz", die das Dubbeglas als Anhänger, Ohrstecker oder Ring in Silber und Gold in Szene setzt. In Wohnungen oder Gärten werden große Holz-Stehtische in Dubbeform zum absoluten Blickfang. Damit können die Dubbegläser auf einem großen Dubbeglas abgestellt werden – echt originell. Als Motiv für T-Shirts ist das besonders designte Glas natürlich auch sehr begehrt.

BLACK AND WHITE: DAS DUBBEGLAS VEREDELT IN DIESEM ELEGANTEN DESIGN JEDE FESTTAFEL.

GEBURTSSTÄTTE DES CORDON BLEU

Käsbüro – ein Name, der mit einer jahrhundertelangen Tradition verknüpft ist. Gegründet im 11. Jahrhundert, diente das Gebäude als Äbtissinnenhaus des Klosters Seebach. Als das Kloster im 16. Jahrhundert an die Pfalzgrafen verkauft wurde, führten diese den Käsezehnten ein. Die Bauern hatten diesen im ehemaligen Äbtissinnenhaus zu entrichten, weshalb es den Namen Käsbüro erhielt. Als dieses um 1800 zum Wirtshaus wurde, behielt man den Name bei. Wer heute das Käsbüro besucht, muss natürlich keinen Käse mehr mitbringen, sondern einen gesunden Appetit. Denn in der Weinstube locken Harry und Corinna Kolley mit einer gutbürgerlichen Küche, in der sowohl mediterrane Köstlichkeiten als auch Kreationen der gehobenen Gastronomie den Gaumen verwöhnen. Küchenmeister Harry Kolley legt Wert auf regionale Produkte. Daher verfeinern je nach Saison Spargel, Pilze, Kastanien oder Wild das Speisenangebot, das auch für Vegetarier und Veganer etwas Passendes bereithält. Auf der umfangreichen Weinkarte stehen ausschließlich Erzeugnisse von Dürkheimer Winzern. Nonnen-

und Ahnenstube erinnern im Restaurant an die ehemalige Funktion des Hauses. Ein Kachelofen sorgt in der Hauptstube für eine wohlige Atmosphäre und die Kolleys steuern eine familiäre Note bei, die von den zahlreichen Stammgästen sehr geschätzt wird. Privaten Feiern verleiht das urig-rustikal eingerichtete Käsbüro das besondere Etwas. Im Sommer können die Gäste das mediterrane Ambiente im komplett von Weinlaub überdachten Innenhof genießen. Dieser steht ebenfalls für Veranstaltungen zur Verfügung. Es lohnt sich übrigens, die Fotos an den Wänden ganz genau anzuschauen. Dort befindet sich das Originalrezept des Cordon bleu, das Jean Mayer 1860 genau an diesem Ort erfunden haben soll. So steht es in den Annalen. Natürlich ist diese Spezialität heute immer noch Bestandteil der Speisekarte.

KÄSBÜRO
Familie Kolley

Dorfplatz 1
67098 Bad Dürkheim
Telefon 0 63 22 / 68 09 63

info@kaesbuero.de
www.kaesbuero.de

VON DER PFALZ IN DIE WELT

Peter Bauer hat sein ganzes Leben in der Pfalz verbracht. Die Vorzüge seiner Heimat möchte er auch überregional bekannt machen und Lust auf Pfälzer Spezialitäten wecken. In seinem Internetshop Regional Spezial, der seinen Sitz in Bobenheim am Berg hat, bietet er regionale Produkte an. Dosenwurst, Wein, Likör, Sekt, Traubenkernpasta, Pesto, Konfitüre, Essig, Öl, Dubbegläser, Bücher – das Sortiment ist so vielfältig wie die Gegend, in der die Waren produziert werden. „Urlauber sollen die Möglichkeit bekommen, ein Stück Pfalz mit nach Hause zu nehmen", erklärt Bauer den Grundgedanken, der hinter seinem Shopkonzept steckt. Wer im hohen Norden plötzlich Lust auf Saumagen verspürt, kann diesen per Mausklick bestellen. Täglich werden die Wurstwaren frisch beim Metzger abgeholt und sofort verschickt – inklusive Rezeptvorschlägen, wenn diese von den Kunden gewünscht werden. Fünf Mitarbeiter kümmern sich gemeinsam mit Bauer um den Internetshop, der noch ausgebaut werden soll. So erweitern demnächst nicht nur T-Shirts oder kleine Souvenirs das Pfalzsortiment, sondern auch andere Regionen werden aufgenommen. Insgesamt 20 deutsche Gebiete sollen ihre regionalen Spezialitäten künftig über den Internetversandhandel anbieten können. „Wir geben Metzgern, Winzern und Bauern eine weitere Vermarktungsmöglichkeit, indem wir uns um alles kümmern: Internetauftritt, Werbung, Versand", meint Bauer, der mit Experten aus der Marketingbranche zusammenarbeitet. Seine Firma ist bereits auf zehn Internetportalen wie Ebay oder Amazon vertreten. Die Hersteller sollen zudem ein Gesicht bekommen, indem sie in Videos auf Youtube oder mit Texten auf der Homepage vorgestellt werden. Für die Zukunft ist der Versand ins europäische Ausland geplant.

REGIONAL SPEZIAL –
VERTRAUTES AUS DER HEIMAT
Geschäftsführer Peter Bauer
Beta Verwaltungs-GmbH

In den Hahndornen 14
67273 Bobenheim am Berg
Telefon 0 63 53 / 9 36 96 11

info@region-spezial.de
www.region-spezial-shop.de

ERHOLUNG HINTER SANDSTEINMAUERN

Wer einen besonderen Ort zum Übernachten sucht, dem bietet das Kaisergarten Hotel & Spa in Deidesheim das perfekte Ambiente zum Entspannen. Egal ob Genuss, Erholung oder Business, das schicke Hotel erfüllt die Ansprüche und Wünsche von Freizeitreisenden wie auch Geschäftsleuten. 85 Zimmer, aufgeteilt in die Kategorien Standard, Deluxe und Suite, befinden sich hinter der wunderschönen Sandsteinfassade. Vom Fußboden bis zur Beleuchtung wurde viel Wert auf Individualität und Qualität gelegt. Warme Braun-, Rot- und Grüntöne erzeugen ein elegantes Erscheinungsbild und sorgen für eine angenehme Atmosphäre. „Das war unsere Intention. Die Gäste sollen sich hier wie zu Hause fühlen", sagt Hoteldirektor Sebastian Steuber. 54 Mitarbeiter sorgen dafür, dass die Wünsche der Besucher jederzeit erfüllt werden. Im modernen Spa-Bereich können die Gäste in aller Ruhe die Seele baumeln lassen oder sich im Dampfbad, der klassischen Sauna oder der Bio-Sauna den Stress aus dem Körper schwitzen. Zudem runden ein Eisbecken, ein Pool, ein Fitnessraum sowie verschiedene kosmetische Behandlungen, für die

fünf Räume zur Verfügung stehen, das umfangreiche Angebot ab. Im Kosmetikbereich liegt der Schwerpunkt auf organischen Produkten. Mittels einer Mitgliedschaft im Kaisergarten Spa Club können auch externe Gäste diesen Bereich nutzen. Die offene Showküche macht im Restaurant das Kochen zum Erlebnis, denn die Gäste können die Zubereitung von Pasta, Pizza und Steaks direkt beobachten. Genießen unter freiem Himmel ist auf dem großzügigen Terrassenbereich mit angrenzendem Garten samt Teich möglich. Fünf Räume können für Veranstaltungen gemietet werden. Egal ob Hochzeit, Geburtstag oder Firmenevents – bis zu 200 Personen können hier feiern. Natürlich ist auch das nötige technische Equipment für Tagungen und Seminare vorhanden.

KAISERGARTEN
HOTEL & SPA DEIDESHEIM
Hoteldirektor Sebastian Steuber

Weinstraße 12
67146 Deidesheim
Telefon 0 63 26 / 7 00 00

info@kaisergarten-deidesheim.com
www.kaisergarten-deidesheim.com

PFÄLZER GEMÜTLICHKEIT

Gerichten den letzten Schliff zu verpassen. Dabei folgt er bei der Zusammenstellung der sich oft wechselnden Speisekarte dem Leitsatz: gute Qualität zu adäquaten Preisen. Da alles frisch zubereitet wird, kann Frien auch flexibel auf Wünsche seiner Gäste reagieren, beispielsweise wenn diese eine vegetarische oder vegane Küche bevorzugen oder bestimmte Allergien haben. Bei Feiern – das Restaurant bietet Platz für 45 Personen – haben die Gäste die Wahl zwischen einem Menü oder dem Speisen à la carte. „Wir erstellen den Ablauf der Feier gemeinsam mit unseren Kunden", erklärt Alexander Frien, der auch einen Cateringservice für Hochzeiten oder private Events anbietet. Im Sommer stehen für die Gäste auf dem gegenüberliegenden Marktplatz Tische bereit. Dort können sie im Schatten der Kirche und unter Bäumen in aller Ruhe das Essen genießen oder laue Sommerabende bei einem Gläschen Wein ausklingen lassen.

FRIEN'S KAPELLCHEN
Alexander und Michèle Frien

Weinstraße 29
67157 Wachenheim
Telefon 0 63 22 / 9 59 67 92

alex.frien@gmx.de
www.frien-kapellchen.de

Alexander und Michèle Frien fanden das imposante Gebäude, das mitten im Zentrum von Wachenheim steht, schon immer sehr faszinierend. Als sich die Chance ergab, schlug das Gastronomenehepaar zu und eröffnete 2012 an der Weinstraße sein Restaurant „Frien's Kapellchen". Das historische Gebäude empfängt die Besucher mit seinem rustikalen Charme. Die Holzbalken an der Decke und ein heller Kachelofen sorgen für eine gemütliche und familiäre Atmosphäre, die von den zahlreichen Stammkunden besonders geschätzt wird. „Hier können die Gäste auch mit Wanderschuhen hereinspazieren", sagt Michèle Frien. Ihr Mann setzt bei der Zubereitung der Speisen auf frisches, saisonales Gemüse und Produkte aus der Pfalz. Kulinarisch verwöhnt der Küchenmeister seine Gäste mit kreativen Gerichten, die vom Schnitzel über Pfälzer Forelle bis hin zur Jakobsmuschel alles abdecken. Seine Erfahrungen in der Sternegastronomie lässt er gerne mal einfließen, um traditionellen

SPANISCHES FLAIR IN DER PFALZ

Kirsten und Can Parmakerli haben lange auf Ibiza gelebt. Das typische Mittelmeer-Flair hat das Ehepaar bei seiner Rückkehr in die Pfalz mitgebracht und somit ein Stück Urlaubsfeeling mitten in den beschaulichen Winzerort Weisenheim am Berg geholt. Ihr Café Solo ist längst kein Geheimtipp mehr. In dem malerischen alten Anwesen mit seinem magisch wirkenden Innenhof können die Gäste ganz entspannt leckere Kaffee- und Kuchenspezialitäten, erfrischende Drinks, regionale Weine und kleine Snacks genießen – und das im Sommer auch im großzügigen Terrassenbereich am Pool. Eben so, wie es sich für das chillige Leben auf Ibiza gehört. Nur der Strand fehlt noch, aber das spanische Lebensgefühl wird auch so mühelos transportiert. Wer sich diese entspannte Urlaubsatmosphäre nach Hause holen möchte, sollte bei „La Tienda" vorbeischauen. Hier empfängt

und berät Interior-Designerin Kirsten Parmakerli ihre Kunden. Der Laden im Sandsteingemäuer hält alles bereit, um spanisches Flair in die Wohnung zu bringen. In der oberen Etage finden modebewusste Frauen trendige Kleidungsstücke, die es sonst nirgends gibt. Außergewöhnliche Accessoires runden das Angebot ab. Im Erdgeschoss gibt es zahlreiche Möbel und Stücke, die das Zuhause in ein Urlaubsparadies verwandeln. Extravagante Wohnaccessoires zaubern magische Momente und machen aus den eigenen vier Wänden einen ganz besonderen Ort. Einzigartige Stücke verleihen Räumen ein edles Ambiente und holen das mediterrane Lebensgefühl nach Hause. Wer ein ausgefallenes Geschenk sucht, wird in diesem außergewöhnlichen Laden auf jeden Fall fündig. Mediterrane, farbenprächtige Pflanzen, die natürlich zum Verkauf stehen, verwandeln den Hof in eine atemberaubende Kulisse. Der alljährliche Höhepunkt ist die spanische Nacht. Paella, Tacos, Musik und Kunst machen diese zu einem rauschenden Fest der Sonne, das alle zum Strahlen bringt.

CAFÉ SOLO
Familie Parmakerli

Hauptstraße 49
67273 Weisenheim am Berg
Telefon 0 63 53 / 95 93 49

cafesolo@online.de
www.cafesolo.de

PRÄGEN DAS LANDSCHAFTLICHE BILD DER PFALZ: WEINBERGE.

ORT FÜR KUNST UND GESUNDHEIT

KREATIVHAUS H6
Tina Krauß

Haßlocher Straße 6
67459 Böhl-Iggelheim
Telefon 0 63 24 / 9 11 16 81

info@kreativhaush6.de
www.kreativhaush6.de

Tina Krauß gibt gerne ein Stück Lust am Leben und die Freude an der Natur weiter. In Form von ihren Fotografien, die im Kreativhaus h6 in Böhl-Iggelheim ausgestellt sind. Die lebenslustige Pfälzerin hat das 1764 errichtete ehemalige protestantische Pfarrhaus 2009 gekauft und saniert. Nun dienen die Gebäude als Ort für Begegnungen, künstlerisches Schaffen und Gesundheit. In einem der beiden Nebengebäude hat Künstlerin Sonja Spielmann ihre Werkstatt eingerichtet, im anderen hält Sonja Blügel im „Atelier im Hof" Malkurse nach der Methode von Bob Ross ab. Die ehemalige Scheune dient als Beratungszimmer und Praxis. Krauß, die eine Ausbildung zum Life- und Businesscoach sowie zur Trainerin für Stressmanagement und Burn-out-Prävention absolviert hat, bietet hier nicht nur verschiedene Beratungen und Kurse in ihrem Fachgebiet an, sondern auch tibetische Rückenmassagen. „Das sind reine Wohlfühlmassagen, bei denen man einfach mal abschalten kann", erklärt Krauß. Kai-Uwe Nolte rundet das Angebot mit Zentherapie ab. „Das sind tiefen-

muskuläre Behandlungen, die zum Beispiel bei chronischen Schmerzen helfen können", sagt Tina Krauß. Das Schmuckstück des 2500 Quadratmeter umfassenden Grundstücks ist der weitläufige Park. Die 1200 Quadratmeter große Gartenanlage mit Feuerstelle ist der ideale Ort für Feste jeglicher Art. Egal ob Hochzeiten, Geburtstage oder Seminare – ein Veranstaltungsraum mit direktem Zugang nach draußen und einem überdachten Terrassenbereich bietet viel Platz. Insgesamt können maximal 80 Personen in diesem wunderschönen Ambiente feiern. Für das besondere Etwas sorgen die Kunstwerke, die in einer wechselnden Ausstellung präsentiert werden. Jährlich findet im Juni eine große Vernissage und vor dem ersten Advent der Wintermarkt statt, bei dem Krauß regionale Künstler im Kreativhaus vereint.

SICH WOHLFÜHLEN VON ANFANG AN

Ü berzeugt von der handwerklichen Leistung, inspiriert von den neuesten Trends und entspannt durch den erstklassigen Wohlfühl-Service – so sollen die Kunden den Salon nusskern friseure in Dannstadt-Schauernheim verlassen. Das ist das Ziel von Ralf und Birgit Nusskern und ihren sechs Mitarbeitern. Der perfekte Service von A bis Z macht den Friseurbesuch zum echten Erlebnis mit Entspannungsgarantie. Dafür sorgen das schöne Ambiente mit viel Tageslicht und Naturmaterialien und natürlich das qualifizierte Team: „Unsere Kunden werden so behandelt, wie ich es mir für mich wünsche", sagt Ralf Nusskern, der den Salon seit 2001 in zweiter Generation gemeinsam mit seiner Ehefrau Birgit leitet. Seine Kunden können dabei auf die langjährigen Erfahrungen des deutschen Meisters und Vize-Weltmeisters sowie die Fachkompetenz seines Teams vertrauen. Weiterbildung ist für

Birgit und Ralf Nusskern das Fundament ihres Erfolgs. Regelmäßige Seminare und Schulungen in ganz Deutschland sind ein Muss. Zudem ermutigt Ralf Nusskern seine Mitarbeiter, sich bei nationalen und internationalen Friseur-Wettkämpfen mit Kollegen zu messen. Von der Qualifizierung profitieren die Kunden: Das Team setzt auf persönliche Beratung, kennt die aktuellen Trends und Techniken und kann so die individuellen Kundenwünsche typgerecht und kompetent umsetzen – ob Haarschnitt oder Typveränderung mit Coloration. Wer statt im 140-Quadratmeter-Salon lieber an der frischen Luft verwöhnt werden möchte, kann sich auf der großzügigen Terrasse entspannt zurücklehnen, in den neuesten Zeitschriften schmökern und das umfangreiche Getränkesortiment ausprobieren. Hochwertige salonexklusive Anwendungen garantieren beste Pflege für Kopfhaut und Haar. Für den perfekten Look am Ende sorgt ein kostenloser Make-up-Service. So werden die Kunden mit einem zufriedenen Lächeln aus dem Salon entlassen.

NUSSKERN FRISEURE
Ralf Nusskern

Hauptstraße 147 a
67125 Dannstadt-Schauernheim
Telefon 0 62 31 / 40 37 40

info@nusskern-friseure.de
www.nusskern-friseure.de

STOFFE, WOLLE UND CO.

DAS TAPFERE SCHNEIDERLEIN
Mira Fabrizio

Speyerer Straße 111
67117 Limburgerhof
Telefon 0 62 36 / 42 83 87

mirafabrizio@aol.de
www.dastapfereschneiderlein.net

Im „tapferen Schneiderlein" in Limburgerhof gibt es alles, was das Handarbeitsherz begehrt. Egal ob man das nötige Zubehör zum Nähen eines Rocks oder die passende Wolle für eine modische Strickmütze braucht – das umfangreiche Sortiment lässt keine Wünsche offen. Dabei hat Inhaberin Mira Fabrizio ganz klein angefangen. In ihrer Änderungsschneiderei hat sie zunächst nur ein kleines Sortiment an Kurzwaren angeboten. Garne, Knöpfe, Nadeln, Reißverschlüsse und Co. haben mittlerweile Gesellschaft bekommen. „Nach und nach habe ich Wolle dazu genommen", sagt Fabrizio. In ihrem 200 Quadratmeter großen Laden können sich die Kunden von ihren Kreationen inspirieren lassen. Selbst genähte Kinderkleider oder farbenfrohe Sommerstrickpullover – Anregungen für neue Projekte finden sich in dem übersichtlich gestalteten Laden reichlich. Das umfangreiche Sortiment an Kreativbüchern weckt geradezu die Lust, endlich mal selbst wieder zu Strick- oder Nähnadel zu greifen. Aus den hochwertigen Motiv- und Unistoffen lassen sich tolle individuelle Kleidungsstücke kreieren.

Das farbenfrohe Wollsortiment, unter dem auch Designergarne zu finden sind, macht es quasi unmöglich, den Heimweg ohne ein paar Knäuel anzutreten. Und wer mal keine Lust hat, alleine in den eigenen vier Wänden zu stricken, der kann beim Stricktreff vorbeischauen, der dienstags und donnerstags an einem langen Holztisch im Laden stattfindet. Eine Couch und gemütliche Stühle machen aus dieser Ecke des Geschäfts eine Art Wohnzimmer, in dem man sich auf Anhieb wohlfühlt. Wenn die Hose zu lang oder der Rock zu weit ist, sorgt Mira Fabrizio mit ihren vier Mitarbeiterinnen in der Änderungsschneiderei dafür, dass die Kleidungsstücke wieder die passende Größe erhalten. Zum Service des „tapferen Schneiderleins" gehört auch die Annahme von Wäsche für die Reinigung.

ÄSTHETIK UND SICHERHEIT

Seit vier Jahrzehnten steht die Firma Steinbauer für Qualitätsarbeit im Bereich Fenster, Türen, Rollläden und Tore. Mit ihrem jüngst aktualisierten Ausstellungsraum prägt sie das Schifferstädter Gewerbegebiet Im Lettenhorst maßgeblich mit. Mit nur 32 Jahren übernahm der Betriebswirt Andreas Cullmann im Jahr 2016 die Verantwortung für den Betrieb. Seine Philosophie: Traditionen bewahren, neue Akzente setzen.

Cullmann, der nach einer erfolgreichen Schreinerlehre mehrere Weiterbildungen sowie eine Zusatzqualifikation zum mechanischen Errichter absolviert hat, legt Wert auf die Bewahrung der Kernkompetenz, die sich die Firma Steinbauer als langjähriger Familienbetrieb aufgebaut und mit der sie sich auch überregional einen Ruf als zuverlässiger und kompetenter Partner erarbeitet hat. Deshalb liegt der Firmenschwerpunkt weiterhin beim Verkauf und der Montage von

Fenstern. „Fenster sind der wesentliche Bestandteil für die Wärmedämmung und den Wohnkomfort. Gerade deswegen steht es für uns an erster Stelle, unseren Kunden hohe Qualität zu fairen Preisen anbieten zu können", sagt Cullmann. Weiter offeriert er zu jeder Art von Fenster auch das passende Sonnenschutz-System.

Doch der engagierte junge Unternehmer hat diese Kernkompetenz um ein wichtiges Segment erweitert: Sein Anliegen ist es, Ästhetik mit Sicherheit zu verbinden. Eine besondere Rolle spielt dabei die Haustür. „Sie unterstreicht den Charakter des Eigenheims. Die vielseitigen Gestaltungsmöglichkeiten und Materialien gestatten es, für jeden Geschmack das richtige Modell anzubieten." Auf Einbruchsschutz müssten Kunden dabei keinesfalls verzichten. Im Gegenteil: Ein einbruchssicheres System legt Cullmann jedem Eigenheimbesitzer ans Herz.

STEINBAUER GMBH
Andreas Cullmann

Im Lettenhorst 14
67105 Schifferstadt
Telefon 0 62 35 / 30 94

info@steinbauer-gmbh.de
www.steinbauer-gmbh.de

ALTE AUTOS IN NEUEM GLANZ

Mark Oliver Horn verhilft in seinem Hof in Schifferstadt einem orangefarbenen VW-Bus zu neuem Glanz. Für die Seitenverkleidung benutzt er Kaffeesäcke. Gemeinsam mit dem türkisfarbenen VW Samba soll das neue Prachtstück das Portfolio seiner Firma Vin Vents vervollständigen. „Die Autos kann man mieten, zum Beispiel für Ausflüge oder Hochzeiten", sagt Horn, der sich 2014 selbstständig gemacht hat. Der Name seiner Firma leitet sich von Vintage und Events ab. „Ich verleihe Oldtimer für verschiedene Anlässe, also Events – da fand ich den Namen sehr passend", erklärt der 50-Jährige. Doch nicht nur wer für eine Hochzeit einen VW Käfer Cabrio sucht oder schon immer mal selbst einen VW Karmann-Ghia fahren wollte, ist bei ihm an der richtigen Adresse. Horn besorgt für seine Kunden auch Autos, die sie schon lange suchen.

Dank guter Kontakte konnte der Pfälzer bis jetzt noch jeden Wunsch erfüllen. Neben der Oldtimervermittlung und Betreuung können auch Eventfahrten gebucht werden. Bei organisierten Fahrten sitzt entweder Horn oder einer seiner Mitarbeiter am Steuer. Natürlich dürfen die Kunden auch selbst mit einem Mercedes 380 SL, einem Audi R8 Spyder V10 oder einem Trabbi über die Straßen fahren. Da der „Käfer" einen ganz besonderen Platz in Horns Herz hat, gibt es gleich mehrere Modelle verschiedener Jahrgänge in seinem Fuhrpark. „Mein erstes Auto war ein 1957er Faltdachkäfer", erinnert sich Horn. Seitdem hat ihn der Oldtimer-Virus fest im Griff. Macht der Motor mal Zicken, ist das für Horn auch kein Problem. Er hat sich alles, was man zum Reparieren dieser betagten Vierräder benötigt, selbst beigebracht und scheut sich daher auch nicht, Motoren auseinanderzunehmen oder Ersatzteile einzubauen. Horn lebt das Oldtimer-Gefühl nicht nur, sondern macht es für seine Kunden auch erlebbar.

VIN VENTS
Mark Oliver Horn

Mannheimer Straße 106
67105 Schifferstadt
Telefon 0 62 35 / 49 37 51

mark.horn@vinvents.de
www.vinvents.de

IM PFÄLZERWALD, HIER BEI GOSSERSWEILER-STEIN, GIBT ES VIEL ZU ENTDECKEN.

DIE LEICHTIGKEIT DES TANZES

Seine Leidenschaft für den Tanz hat Sascha Mohl schon sehr früh entdeckt. Mit neun Jahren startete er seine tänzerische Laufbahn, die zunächst im Jazz-Modern-Bereich lag. Mit 13 Jahren kam der Paartanz hinzu und nachdem klar war, dass Tanzen für ihn mehr als nur ein Hobby ist, wechselte Mohl zum Tanzsport. Mit Fleiß und hartem Training schaffte er es, sich als Amateur im Deutschen Tanzsportverband zu behaupten. Eine Zeitlang arbeitete Mohl sogar als Profi in den USA. Dort lernte er verschiedene Tanzstile kennen, arbeitete in London, New York und Salzburg mit internationalen Toptrainern zusammen und ließ sich sogar in den Fred Astaire Dance Studios im American Style ausbilden. All diese Erfahrungen möchte er nun an seine Schüler weitergeben – in seiner ersten eigenen Tanzschule, die er im Oktober 2015 im Depot in Ludwigshafen eröffnet hat. In einem edlen und schicken Ambiente, das ganz in den Farben Schwarz, Weiß und Rot gehalten ist, bietet der ausgebildete Tanzlehrer, der auch Mitglied im Allgemeinen Deutschen Tanzlehrerverband (ADTV) ist, ein breites Kursprogramm an. Von den üblichen Grundkursen für Jugendliche und Paare bis hin zu Goldstarprogrammen. Egal ob Cha-Cha-Cha, Rumba, Tango, Walzer oder Foxtrott – bei Sascha Mohl lernen Anfänger, sich auf dem Tanzparkett richtig zu bewegen, und Fortgeschrittene können ihre Kenntnisse ausbauen. Tanztreff-Abende bieten die Möglichkeit, in lockerer und ungezwungener Atmosphäre das Tanzbein zu schwingen. Wer mal eine Pause braucht, holt sich an der Bar ein erfrischendes Getränk und beobachtet von den gemütlichen Lounge-Tischen aus das Treiben auf der Tanzfläche. „Ich möchte die Natürlichkeit der Bewegung und die damit verbundene Leichtigkeit des Tanzens vermitteln", sagt Sascha Mohl, der sein Angebot noch um Kurse für Kinder erweitern möchte. Denn Tanzen kennt keine Altersbeschränkung.

MOHL TANZSCHULE ADTV
Sascha Mohl

Rheinallee 1 b
67061 Ludwigshafen
Telefon 06 21 / 65 79 70 37

mail@mohl-tanzschule.de
www.mohl-tanzschule.de

ZEITLOSE MODE MADE IN GERMANY

GUDRUN GRENZ DESIGN

Korngasse 28 / Kornmarkt
67346 Speyer
Telefon 0 62 32 / 6 07 99 70

info@gudrun-grenz.com
www.gudrun-grenz.com

Gudrun Grenz macht Mode für alle Frauen. Die Designerin, die 1999 ihr eigenes Label gründete, legt sich auf keinen speziellen Figurtyp fest. Ihre Kleidungsstücke zeichnen sich durch eine perfekte Passform in jedem Größenbereich, von XS bis XXXL, aus. Und genau das schätzen ihre Kundinnen. Aus ganz Deutschland kommen modebegeisterte Damen nach Speyer, dem Stammsitz ihres Unternehmens. Direkt neben dem Ladengeschäft befindet sich das Atelier. Gemeinsam mit Designerin Laura Schäfer entwickelt Gudrun Grenz hier die Modelle, wählt die Stoffe aus und kontrolliert die Musterteile, die ebenfalls direkt im Atelier genäht werden. Bei der Produktion geht das Unternehmen traditionelle Wege. Keines der 200 Teile, die eine Kollektion bilden, entsteht am Computer. Auch die Produktionsstätten befinden sich in Deutschland, nichts wird im Ausland hergestellt. Das ist Gudrun Grenz besonders wichtig, denn so sichert sie ihre hohen Qualitätsstandards. Bei den Materialien wird ebenfalls auf Hochwertigkeit geachtet. Die Stoffe stammen aus Webereien in Deutschland, Italien oder Frankreich, die größtenteils auch noch selbst färben. Die handbemalte Seide kommt aus China und Indien. Zudem wird ein medizinischer Stoff verarbeitet, der Orangenhaut „wegzaubert". Die Mode, die sowohl unifarben als auch mit schönen Mustern überzeugt, ist problemlos miteinander kombinierbar, auch kollektionsübergreifend. Gudrun Grenz verbindet in ihrer Mode eine zeitlose Eleganz, die sich für alle Anlässe eignet. Egal ob ein Outfit für einen feierlichen Anlass oder den nächsten Urlaub gesucht wird, mit Mode von Gudrun Grenz ist frau stets perfekt gekleidet. Ein bequemes Tragegefühl gibt es als Bonus obendrauf. Ebenso eine individuelle Beratung, sodass auch Frauen mit Problemfiguren bei Gudrun Grenz stets die passende Mode finden. Schnittänderungen sind dank des eigenen Ateliers jederzeit umsetzbar.

DIE ETWAS ANDERE MUSIKSCHULE

Die Modern Music School (MMS) möchte anders sein als andere Musikschulen und mit frischen Lernkonzepten den Spaß an der Musik vermitteln. Das schafft sie bereits seit mehr als 30 Jahren, denn bei der MMS liegt der Fokus auf aktueller Musik aus den Bereichen Pop- und Rock. Dabei darf es je nach dem Geschmack des Schülers mit Heavy Metal auch mal etwas härter werden. Passend dazu stehen mit Schlagzeug, Gitarre, Bass, Keyboard, Klavier und Gesang die klassischen Zutaten für eine Band im Mittelpunkt. Daher gründen sich auch immer wieder an den Schulen neue Formationen, die auf das MMS-Bandcoaching-Programm zurückgreifen können. In Speyer profitieren Schüler jeden Alters von dem einzigartigen MMS-Lernkonzept, das es sich auf die Fahnen geschrieben hat, musikbegeisterten Menschen das Spiel auf ihrem Lieblingsinstrument mit viel Spaß, aber auch jeder Menge fachlicher Kompetenz zu

vermitteln. „Von Anfang an steht der Schüler im Mittelpunkt", erklärt Marc Hallbauer, Lehrer und Leiter des Speyerer und Landauer Standorts. Der Einzel- oder Gruppenunterricht wird von zertifizierten Lehrern gehalten, die selbst stets auf Fortbildungen ihr Wissen erweitern. Sie unterrichten nach einem einheitlichen Konzept. Dafür stehen hauseigene Multimedia-Lehrbücher zur Verfügung, die von den Lehrern selbst verfasst wurden. Da jeder verschiedene Voraussetzungen und Wünsche mitbringt, sind die MMS-Programme sehr vielfältig und flexibel. Berufstätige profitieren von der „After Work Music", denn die Unterrichtszeiten richten sich bei der MMS nach dem Zeitplan der Schüler. Auch wer das 50. Lebensjahr überschritten hat, muss sich nicht scheuen, ein Instrument zu erlernen. Bei der MMS bietet dafür das Programm „Golden Age" den perfekten Rahmen. Profimusiker können bei Workshops von internationalen Gastdozenten, die bei bekannten Stars wie Pink oder Beyoncé in der Band mitwirken, lernen.

MODERN MUSIC
SCHOOL SPEYER

Weidenberg 1
67346 Speyer
Telefon 0 62 32 / 8 77 54 78

speyer@modernmusicschool.com
www.modernmusicschool.com/de/speyer

MODERN MUSIC
SCHOOL LANDAU

Königstraße 57
76829 Landau
Telefon 0 63 41 / 95 07 10

landau@modernmusicschool.com
www.modernmusicschool.com/de/landau

DER KREATIVE STEINMETZ

Nach seiner Ausbildung zum Steinmetz- und Steinbildhauermeister war für Patrick Kästner klar, dass sein Weg in die Selbstständigkeit führen sollte. Daher eröffnete er 2009 seine Werkstatt im Industriehof in Speyer. Hier finden sich Kostproben seiner vielfältigen Arbeiten aus verschiedenen Natursteinen, die seine Kreativität wiedergeben. Eine Figur für Haus oder Garten, das Bewahren historischer Bauwerke oder das Erneuern und Instandsetzen beschädigter Natursteine – Patrick Kästner deckt gleich drei Arbeitsbereiche ab: Neben Steinmetz- und Bildhauerarbeiten gehört auch die Restaurierung zu seinen Tätigkeitsfeldern. Genau diese Vielfalt macht für Patrick Kästner den Reiz seines Berufs aus. Ebenso liebt er die Arbeit mit dem Naturmaterial. Sandstein, Granit oder Muschelkalk bezieht er dabei aus Deutschland, zum Beispiel aus dem Odenwald oder Würzburg. Egal ob eine Skulptur, ein Grabstein oder ein neuer Boden für ein Eigenheim gesucht wird, Patrick Kästner realisiert die Wünsche in enger Zusammenarbeit mit seinen Kunden. Dabei spielt es keine Rolle, ob die Skulptur eine naturgetreue Darstellung oder eine abstrakte Interpretation zeigen soll. Kästner

fertigt zunächst Skizzen und Modelle an, nach denen das Kunstwerk dann gefertigt wird. Ausgefallen sind seine „Gartenlampen". Diese können mit einer Kombination aus Stein und Stahl in der Größe frei variieren und sind auch ohne Feuer eine schöne Skulptur für Hof und Garten. Wenn es um die Restaurierung oder Sanierung historischer Gebäude geht, arbeitet Patrick Kästner eng mit der Denkmalschutzbehörde zusammen. Neben kleineren privaten Bauten war er zum Beispiel an den Sanierungsarbeiten der Liebfrauenkirche in Mannheim, der Gedächtniskirche in Speyer und am Naturhistorischen Museum in Wien beteiligt.

PATRICK KÄSTNER –
STEINMETZ & BILDHAUER

Industriehof
Franz-Kirrmeier-Straße 19
67346 Speyer
Telefon 0179 / 760 71 49

info@kaestner-am-stein.de
www.kaestner-am-stein.de

DER SPEYERER DOM.

PARKBÄNKE LADEN ENTLANG DER FELDWEGE ZU EINER KLEINEN RAST EIN.

EINE BESONDERE STRECKE
LEBENSFREUDE AUF DER DEUTSCHEN WEINSTRASSE

Die Deutsche Weinstraße kommt vielen in den Sinn, wenn sie an die Pfalz denken. Der besondere Reiz der etwa 85 Kilometer umfassenden Straße im Südosten liegt in seiner Vielfältigkeit: ein prachtvolles Rebenmeer, ein kastanienreicher Waldrand, verträumte Weindörfer und nicht zuletzt lebenslustige Bewohner, die mit ihrer geselligen Art jeden herzlich willkommen heißen.

Die Deutsche Weinstraße zählt zu den ältesten touristischen Straßen hierzulande. Sie verläuft parallel zu den Bundesstraßen 38 und 271. Gegründet wurde sie 1935 aus einer Notsituation heraus. Sie sollte den Weinverkauf ankurbeln und den Fremdenverkehr stärken. Ziele, die mit der Deutschen Weinstraße mehr als erfüllt wurden. Heute ist sie ein Magnet für Touristen und steht für Lebensfreude und Gastfreundlichkeit, die man entlang der Strecke erleben kann. Nach wie vor streitet man sich mit einem Augenzwinkern über Anfang und Ende. Die Deutsche Weinstraße führt von Schweigen-Rechtenbach an der französischen Grenze nach Bockenheim am Rand von Rheinhessen. Zwei Bauwerke markieren in den Orten die Bedeutung. In Schweigen-Rechtenbach lockt das Deutsche Weintor, in Bockenheim das Haus der Deutschen Weinstraße. Dazwischen verbindet sie wie ein roter Faden verschiedene Weinorte miteinander und stellt damit quasi die pulsierende Ader dieser Region dar. Als Erkennungszeichen dient ein Schild mit einem viereckigen gelben Logo, dessen Namensteile „Deutsche" und „Weinstraße" mit einer dreieckigen Weintraube verbunden werden, die aus zehn Beeren besteht. Das Klima hier ist einzigartig.

Mehr als 1 800 Sonnenstunden im Jahr verleihen dem Gebiet einen mediterranen Charakter, da auch zahlreiche aus dem Mittelmeerraum bekannte Gewächse wie Feigen, Pinien oder Zypressen gedeihen. Daher wird diese Gegend oft als „Toskana Deutschlands" bezeichnet.

Wer die Deutsche Weinstraße nicht mit dem Auto erkunden möchte, kann den parallel zur Straße verlaufenden Radweg nutzen, der ebenfalls von Schweigen-Rechtenbach nach Bockenheim führt. Wanderfreunde können auf dem Pfälzer Weinsteig die Deutsche Weinstraße kennenlernen. Dieser Premiumwanderweg umfasst auf einer Länge von 170 Kilometern elf Etappen. Einmal im Jahr, immer am letzten Sonntag im August, ist die Deutsche Weinstraße für den motorisierten Verkehr gesperrt. Am Erlebnistag Deutsche Weinstraße, der seit 1985 veranstaltet wird, gehört die Straße Fußgängern, Radfahrern und Inlineskatern.

Feigen fühlen sich im Pfälzer Klima sehr wohl.

Von April bis Oktober ist Weinfestsaison – da wird an jedem Wochenende gefeiert.

ZWISCHENSTOPPS
ORTE DER WEINSTRASSE

Markiert den südlichen Startpunkt der Weinstraße: das Deutsche Weintor.

SCHWEIGEN-RECHTENBACH

Die Ortsgemeinde im Landkreis Südliche Weinstraße gehört zur Verbandsgemeinde Bad Bergzabern. Hier beim Deutschen Weintor nimmt die Deutsche Weinstraße ihren südlichen Anfang. Der imposante Torbau mit seinen Nebengebäuden wurde 1936 errichtet. Er sollte das Weinbaugebiet Pfalz bekannter machen. Heute gilt er als eines der Wahrzeichen der Region, das am Nordostrand des Ortsteils Schweigen die alte Trasse der heutigen Bundesstraße 38 überspannt. Mittlerweile gibt es eine Umgehungsstraße, die östlich am Tor vorbeiführt. Daher können Fußgänger und Radfahrer ganz ungestört das Tor passieren. Der 18 Meter hohe Bau, der dem Stil des Neoklassizismus entspricht, hat einiges zu bieten. An den Firstenden des Walmdaches befinden sich zwei Mohnkugeln aus Kupfer. Diese galten als Symbole für immerwährenden Wohlstand. Besucher können sich in der angegliederten Gaststätte, die von der Winzergenossenschaft Deutsches Weintor betrieben wird, stärken, bevor sie ihre Tour fortsetzen. Diese könnte zum Beispiel am Weinlehrpfad weitergehen, der drei Kilometer lang ist und 1969 eröffnet wurde. Damals war er der erste dieser Art im Bundesgebiet. Oder man erkundet den Wein Walk of Fame – einen Ehrenpfad, auf dem seit 2012 auf dem Boden eingelassene Metallplatten die Namen von Personen oder Gruppen tragen, die sich im Bereich des Weinanbaus verdient gemacht haben. Jährlich wird dieser Pfad am 23. April durch weitere Platten verlängert.

Das Haus der Deutschen Weinstraße bildet an deren nördlichem Ende das Pendant zum Deutschen Weintor.

BOCKENHEIM AN DER WEINSTRASSE

In der Ortsgemeinde des Landkreises Bad Dürkheim steht das Pendant zum Deutschen Weintor. Das Haus der Deutschen Weinstraße markiert seit 1995 zwischen den alten Ortsteilen Groß- und Kleinbockenheim, die 1956 zu einer Einheit wurden, das nördliche Ende der Erlebnisroute. Der Bau, der wie eine Brücke über die Straße gespannt ist, ähnelt einem römischen Kastell und beherbergt ein Restaurant. Vom Turmzimmer aus hat man einen tollen Blick auf die umliegenden Rebenhügel. Diese romantische Aussicht

ist bei Hochzeitspaaren sehr beliebt, die hier eine „Weinstraßenhochzeit" feiern. Einen romantischen Anblick bietet auch das Ortsbild von Bockenheim, das mit seinen zahlreichen alten Häusern, die liebevoll restauriert wurden, einen ganz speziellen Charme verbreitet. Neben der romanischen Martinskirche stand die Emichsburg der Leininger Grafen. Nachdem sie mehrfach verwüstet worden war, wurde sie als Schloss wieder aufgebaut. Allerdings wurde auch dieses zerstört. Heute erinnern daran nur noch Reste des Schlosses, die in ein Weingut integriert sind.

Eines der Wahrzeichen von Bad Dürkheim: Im Riesenfass, das ein Restaurant beherbergt, könnten 1.700.000 Liter Wein gelagert werden.

BAD DÜRKHEIM

Die Kurstadt, die von ihren Bewohnern liebevoll Derkem genannt wird, liegt am Ostrand des Pfälzerwaldes. Auf die Kelten, die zwischen 1200 und 500 vor Christus am östlichen Ende des Isenachtals siedelten, geht die Benediktinerabtei Limburg zurück. Natürlich hinterließen auch die Römer ihre Spuren – zum Beispiel in Form des römischen Weinguts Weilberg im Ortsteil Ungstein. Hier wurden schon Vorläufer des Rieslings, Traminers und Burgunders angebaut.

Neben der Limburg gibt es noch eine zweite Burg, die als Ruine erhalten geblieben ist: die Hardenburg, die oberhalb des gleichnamigen Ortsteils thront und Ende des 18. Jahrhunderts zerstört wurde.

Das Riesenrad dreht jährlich im September auf dem Wurstmarkt seine Runden und bietet einen tollen Überblick über das Festgelände.

Jedes Jahr am zweiten und dritten Wochenende im September ist Bad Dürkheim im Fokus der Öffentlichkeit. Denn dann findet auf den Brühlwiesen das größte Weinfest der Welt, der Dürkheimer Wurstmarkt, statt. Als dessen Ursprungsort gilt die Michaelskapelle, die 1155 erstmals erwähnt wurde. Anfang des 15. Jahrhunderts war sie bei Pilgern sehr beliebt. Als immer mehr Wallfahrer dorthin kamen, nutzten Bauern und Winzer die Chance, um hier ihre landwirtschaftlichen Produkte anzubieten. Diese brachten sie mit Schubkarren auf den Hügel zur Kapelle. Nach und nach kamen auch Händler, Gaukler und Musikanten aus der ganzen Pfalz dazu, die zu einem regen Marktleben beitrugen. Als der Platz rund um die Kapelle nicht mehr ausreichte, wurde das Festtreiben 1577 auf die Brühlwiesen, die unterhalb des Berges liegen, verlegt. Jährlich kommen mittlerweile mehr als 600 000 Besucher zum Dürkheimer Wurstmarkt.

Auf dem Festplatz befindet sich ein weiteres imposantes Gebäude, das zu einem Wahrzeichen der Kurstadt geworden ist: das Dürkheimer Riesenfass. Dieses wurde 1934 aus Holz gebaut und besitzt einen Durchmesser von 13,5 Metern. 1700 000 Liter würden in das Fass passen, das allerdings ein Restaurant beherbergt.

Am anderen Ende des Festplatzes steht das Gradierwerk, das oft nur Saline genannt wird. Mit 333 Metern Länge ist diese eine der größten Deutschlands. Dieser Teil der Kuranlagen der Stadt erzeugt eine frische salzige Brise, die den Eindruck erweckt, man sei am Meer. Dafür sorgen etwa 250 000 Reisigbündel, die zu Wänden geschichtet sind. An diesen rieselt das Salzwasser aus einer Heilquelle hinunter. An die Saline schließt sich der weitläufige Kurpark an, durch den die Isenach fließt. Mit seinen zahlreichen Brücken lädt er zum Flanieren ein. Kinder haben beim Toben auf dem Wasserspielplatz jede Menge Spaß.

DIE SALINE SORGT FÜR EINE FRISCHE MEERESBRISE IN DER KURSTADT.

FLIEGENSCHUTZ NACH MASS

Fliegengitter Hauck in Haßloch bietet die passende Lösung, um Insekten aus den eigenen vier Wänden fernzuhalten. Im Jahre 2000 spezialisierte sich Schreinermeister Martin Hauck mit seiner Firma auf maßgeschneiderte Fliegenschutzgitter. Seitdem werden in Haßloch nicht nur Aufträge für Privatkunden ausgeführt, sondern Produkte auch für Wiederverkäufer hergestellt. „Wir haben Kunden von der Pfalz bis ins Elsass oder an die luxemburgische Grenze", erzählt Tanja Hauck, die ihren Mann im Familienbetrieb unterstützt. 2015 haben die Haucks die Produktion um 200, die Ausstellungs- und Schulungsräume um jeweils 100 Quadratmeter vergrößert. Auch das Mitarbeiterteam wurde aufgestockt. 30 Angestellte kümmern sich nun gemeinsam mit Familie Hauck um die Wünsche der Kunden. Diese schnell und korrekt zu erfüllen, steht an erster Stelle. Für jeden Kundenwunsch finden die Experten des Fachbetriebs immer die nötige Speziallösung, denn für jede Fenster- oder

Türvariante gibt es passende Insektenschutzelemente. Egal ob große Schiebetüren, kreisrunde Fenster oder Schrägelemente – der Insektenschutz soll zu den Bedürfnissen der Bewohner und zum Stil des Hauses passen. Eine kompetente Beratung vor Ort zeigt mögliche Lösungen wie Pendeltür, Spannrahmen, Fenster-Rollo, Lichtschachtabdeckung, Schiebeanlage oder Plissee auf. Nach der individuellen Planung folgen die millimetergenaue Fertigung in der eigenen Werkstatt und die Montage beim Kunden. Auch beim Material des Insektenschutzgewebes gibt es verschiedene Auswahlmöglichkeiten. „Das Gewebe Transpatec ist fast unsichtbar, licht- und luftdurchlässig und hat eine hohe Reißfestigkeit", erklärt Tanja Hauck. Allergiker können auf das neue Transpatec mit Spezialbeschichtung gegen Pollen vertrauen, hiermit kommen Pollen und Insekten erst gar nicht ins Haus.

FLIEGENGITTER HAUCK
Martin Hauck

Hans-Böckler-Straße 71
67454 Haßloch
Telefon 0 63 24 / 8 16 75

info@fliegengitter-hauck.de
www.fliegengitter-hauck.de

RESTAURANT MIT HAARDTBLICK

Die Heimat des „Haardter Winzers" ist ein imposanter Jugendstilbau aus der Jahrhundertwende, der 2008 komplett saniert wurde. Schon 1904 trug die Gaststätte der Winzergenossenschaft Haardt diesen Namen, der bis heute mit erlesenen Weinen aus der Region verbunden ist. Denn diese bietet Ulrike Paul natürlich immer noch als perfekte Begleitung für die exquisiten Speisen an. Diese verbinden auf kreative Weise die Pfälzer Spezialitäten mit traditionellen Kreationen aus Ulrike Pauls Heimatland Österreich. So gibt es nicht nur verschiedene Saumagenkreationen, sondern auch Wiener Schnitzel, Kaiserschmarrn oder Spinatknödel. Ulrike Paul und ihre Mitarbeiter legen dabei großen Wert auf frische, regionale Produkte. Daher bereichern saisonale Gerichte das Angebot, das stets auch

etwas für Vegetarier bereithält. In seinen Räumen verbindet der „Haardter Winzer" geschickt eine typisch gesellige Weinstube mit einem edlen Loungeambiente. In der gemütlichen Stube, die Platz für 28 Personen bietet, sorgen Accessoires aus den Bergen für einen urigen Charme. Das elegante Restaurant, in dem bis zu 64 Personen Platz finden, bietet ein gemütliches Ambiente. Im Sommer zieren zahlreiche Pflanzen, zum Beispiel Oliven- oder Zitronenbäume, die große Terrasse, die mit diesem mediterranen Touch für wahres Urlaubsfeeling sorgt. Der grandiose Blick über die Haardt lässt die Gedanken mühelos in die Ferne schweifen. Damit bietet der „Haardter Winzer" sowohl drinnen als auch draußen die perfekte Kulisse für Hochzeiten oder andere Feiern. Egal ob Geburtstag, Jubiläum, Taufe oder Firmenevent – das Küchenteam und Ulrike Paul setzen alles daran, die Wünsche der Kunden individuell zu erfüllen. Dabei übernehmen sie von der Beratung bis zur Planung und Umsetzung alle nötigen Schritte. Die Gäste müssen sich einfach nur hinsetzen und den Tag genießen.

RESTAURANT
HAARDTER WINZER
Ulrike Paul

Mandelring 7
67433 Neustadt
Telefon 0 63 21 / 9 37 57 50

info@haardter-winzer.de
www.haardter-winzer.de

EIN VERSTECKTES KLEINOD

Aus einem ehemaligen Winzerhaus mit angrenzender Scheune haben Martin Baumann und Monika Ellinger ein wahres Kleinod geschaffen. Wer eine individuelle Unterkunft in einem Weindorf direkt am Pfälzerwald sucht, für den ist das Haus Mandelblüte im Neustadter Stadtteil Gimmeldingen der richtige Ort. Drei komplett ausgestattete Ferienwohnungen für zwei oder vier Personen stehen dort zur Verfügung. Diese überzeugen mit ihrem außergewöhnlichen Einrichtungsstil. Von ihrer langjährigen Tätigkeit in der Entwicklungszusammenarbeit in Afrika und Asien hat das Ehepaar zahlreiche Gegenstände und Möbel aus den verschiedenen Kulturräumen mitgebracht, die nun den Wohnungen einen besonderen Charakter verleihen und eine wohlige Atmosphäre schaffen. Jede Wohnung verfügt über einen Balkon oder einen direkten Zugang zu dem von Sandsteinmauern umgebenen Innenhof. Geschickt gepflanzte Säulenhainbuchen und Buchsbaumhecken gewähren innerhalb des Hofes Gästen und Gastgebern genügend Raum für Privatsphäre, bieten aber gleichzeitig auch die perfekte Kulisse, um in einer geselligen Runde so manchen lauen Sommerabend zu genießen. Martin Baumann und Monika Ellinger trinken dort mit ihren Gästen auch mal ein Gläschen Wein, denn der persönliche Kontakt ist ihnen sehr wichtig. So geben sie den Urlaubern auch gerne Tipps für Ausflüge, die dafür zum Beispiel die hauseigenen Fahrräder nutzen können. Zahlreiche Rad- und Wanderwege des Pfälzerwaldes sind in unmittelbarer Nähe des Anwesens zu finden. Hunde sind im Haus Mandelblüte ebenfalls willkommen. Haushund Peter freut sich über Gesellschaft. Wer einen längeren Aufenthalt in der Pfalz plant, für den bietet das Ehepaar Wohnungen im Zentrum von Neustadt an. Diese Appartements sind komplett ausgestattet mit allem, was man braucht, um sich für ein paar Wochen oder Monate wohlzufühlen.

HAUS MANDELBLÜTE
Dr. Martin Baumann
und Monika Ellinger

Kurpfalzstraße 102
67435 Neustadt-Gimmeldingen
Telefon 0 63 21 / 39 72 60

info@haus-mandelbluete.de
www.haus-mandelbluete.de

DAS NÄHPARADIES

STOFFGALERIE RUST
PFAFF-NÄHZENTRUM
Karin Rust

Karl-Helfferich-Straße 2
67433 Neustadt
Telefon 0 63 21 / 39 88 11

karinrust@t-online.de
www.stoffgalerie-rust.de

STOFFGALERIE RUST
PFAFF-NÄHZENTRUM
Karin Rust

Richard-Wagner-Straße 6
67655 Kaiserslautern
Telefon 06 31 / 6 15 12

karinrust@t-online.de
www.stoffgalerie-rust.de

In der Stoffgalerie Rust in Neustadt werden nur Stoffe angeboten, die Chefin Karin Rust persönlich ausgesucht hat. Sie legt großen Wert auf Qualität. Egal ob gewalkte Wolle, Wollfleece, Jersey, Baumwolle, Seide, Kaschmir oder Modestoffe – bei schätzungsweise mehr als 2 000 verschiedenen Stoffen fällt die Wahl für die Kunden oft nicht leicht. Dabei handelt es sich größtenteils um Biostoffe, von denen viele auch in Deutschland gefertigt werden. Im Jahr 2000 legte Karin Rust den Grundstein für die erfolgreiche Stoffgalerie in Neustadt. 2005 übernahm sie zudem noch das Pfaff-Nähzentrum in Kaiserslautern – die älteste Pfaff-Filiale Deutschlands. 2008 bezog Karin Rust den 200 Quadratmeter großen Laden in der Karl-Helfferich-Straße, in dem

mehr als 440 unterschiedliche Garnfarben sowie Nähmaschinen namhafter Hersteller wie Pfaff, Husqvarna Viking, Juki, Babylock oder Brother das Sortiment abrunden. Durch die Neustrukturierung der Innenstadt von Kaiserslautern im Jahre 2014 zog die Stoffgalerie Rust in die Richard-Wagner-Straße. Hier finden die Kunden auf 250 Quadratmetern alles, was sie für kleinere oder größere Nähprojekte brauchen. Wer Rat und Hilfe sucht, kann sich an die kompetenten Mitarbeiter wenden. „Wir begleiten die Kunden, bis das gewünschte Stück fertig ist. Zudem bieten wir auch Nähkurse an", sagt Karin Rust. Bereits mit 15 Jahren entdeckte sie die Liebe zum Nähen. Nach der kaufmännischen Lehre und vielen Jahren als Bürokauffrau machte sie mit 40 Jahren ihr Hobby erfolgreich zum Beruf. Tatkräftige Unterstützung bekommt sie von Tochter Franziska und ihrem Mann Thomas. Sollte mal eine Maschine nicht mehr richtig funktionieren, so kann man diese in der eigenen zertifizierten Reparaturwerkstatt kompetent reparieren lassen, erklärt Karin Rust und ergänzt: „Es ist schön zu sehen, wenn die Kunden zufrieden und glücklich sind, denn dann sind wir es auch."

EINGEBETTET IN EINE GRÜNE LANDSCHAFT: DIE LIMBURG BEI BAD DÜRKHEIM.

MASSMODE BRINGT INDIVIDUALITÄT

Klare Formen und ausgewählte Materialen sorgen für einen besonderen persönlichen Look. Das ist das Motto von Kerstin Mauritz-Hassenpflug, die ihre eigenen Modekreationen in einer Boutique in der Neustadter Altstadt präsentiert. Dort ist allerdings nur eine kleine Auswahl zu bestaunen, denn das Stofflager und die Schnittmusterauswahl befinden sich im Atelier der Schneiderin, einem alten Winzerhaus in Edesheim. Die Wünsche ihrer Kunden kann sie daher ganz individuell umsetzen. „Wenn jemand den Schnitt eines Kleides liebt, dieses aber in einem anderen Stoff oder einer anderen Farbe haben möchte, ist das natürlich möglich", sagt Mauritz-Hassenpflug. Besondere Akzente setzt sie bei ihren Kreationen und Unikaten mit feinen Details wie Knöpfen, Borten, Spitzen und handgestickten Perlenornamenten. Diese verleihen dem Look der Kunden eine sehr persönliche Note. Wer auf der Suche nach einem ganz besonderen Kleidungsstück ist, ist bei Kerstin Mauritz-Hassenpflug genau richtig. Sie hat ihre eigene kleine Kollektion mit maßgefertigter Walkmode

entworfen. Jacken, Mäntel, Kleider, Röcke und Hüte werden aus reiner Schur und Merinowolle hergestellt und sind in zwölf Farben erhältlich. Zu ihren speziellen Designs gehört Mode aus den 20er- bis 60er-Jahren, die nach original Schnittmustern angefertigt und in den unterschiedlichsten Stoffen genäht wird: Egal ob Leinen, Viskose, Seidenjersey, Baumwolle – bei den Naturstoffen legt Mauritz-Hassenpflug Wert auf Qualität. Zudem hat sie eine besondere Vorliebe für handgestrickte Modelle wie Strickjacken, Röcke, Kleider, Tücher und Schmuck aus Kid Seta, einer feinen Mohair-Wolle mit Seidenanteil. Auch bei der Herstellung dieser Kleidungsstücke und Accessoires geht die Schneiderin ganz individuell auf die Wünsche ihrer Kunden ein. Wie kreativ Kleidung sein kann, wird einmal im Jahr bei einer Modenschau gezeigt.

STOFFWERK-DESIGN
Kerstin Mauritz-Hassenpflug

Hintergasse 17
67433 Neustadt
Telefon 01 62 / 19 41 6 38

stoffwerkdesign@gmail.com

EIN EXPERTE FÜR VERSICHERUNGEN

URICH CONSULTING
Marc Urich

Goethestraße 17
67435 Neustadt
Telefon 0 63 27 / 6 45

marc.urich@wuerttembergische.de

Marc Urich ist mit dem Versicherungsgeschäft aufgewachsen. Sein Vater Ernst hat Urich Consulting als Mitarbeiter der Karlsruher Versicherungen 1970 gegründet und im Neustadter Stadtteil Lachen-Speyerdorf die Agentur aufgebaut. Das vielfältige Berufsspektrum hat den jungen Pfälzer so fasziniert, dass er 2001 beschloss, in die Fußstapfen seines Vaters zu treten und eine Ausbildung zum Versicherungskaufmann zu machen. Diese absolvierte er sowohl bei den Karlsruher Versicherungen als auch bei seinem Vater. „Von ihm habe ich viel gelernt", sagt Urich, der nach seiner Lehrzeit in die Agentur einstieg. 2008 übernahm er die Leitung, nachdem sein Vater seinen Ruhestand angetreten war: „Er arbeitet allerdings immer noch als Berater mit. Von seinem großen Erfahrungsschatz profitieren ich und unsere Kunden". Anfang 2016 wurde Urich Consulting in eine GmbH umgewandelt. Der Pfälzer arbeitet mit der Württembergischen Versicherung zusammen, die 2005 mit den Karlsruher Versicherungen fusionierte. Auto-, Haftpflicht- oder Krankenversicherung – mit seiner Agentur deckt Urich ein breites Spektrum ab, denn ihm ist eine ganzheitliche Beratung wichtig. Der Vorteil: Die Kunden können ihre Versicherungen zentral unter einem Dach bündeln und haben für alles nur einen Ansprechpartner. Egal ob es um die Themenbereiche Absicherung, Wohneigentum, Vermögensbildung oder Risikoschutz geht, die individuelle Beratung steht bei Marc Urich und seinen Mitarbeiterinnen Tatjana Braun und Heike Niederer an erster Stelle. Diese kann sowohl direkt bei den Kunden vor Ort als auch im Büro erfolgen. Der Privatkunde ist dem Expertenteam genauso wichtig wie der Geschäftskunde. Zudem legt Urich Wert auf eine schnelle Abwicklung aller Angelegenheiten. So werden beispielsweise Schadensfälle zügig erledigt. Urichs Devise: „Wir versuchen immer das Beste für unsere Kunden zu tun".

MIT AUTHENTIZITÄT ZUM ERFOLG

Kompetente Beratung, die ehrlich und authentisch ist – das ist die Philosophie von Boris Bartz. 2014 hat er sich mit seiner Firma Bartz Immobilien im Neustadter Ortsteil Lachen-Speyerdorf niedergelassen. Egal ob Kauf und Verkauf von Häusern, Wohnungen und Grundstücken, Marktwertgutachten sowie die Suche nach Mietern für Wohn- und Gewerbeobjekte – die Kunden können sich auf eine kompetente, individuelle Beratung und einen professionellen Ablauf verlassen. Von der Erstberatung vor Ort bis hin zum Einzug ins Traumhaus oder dem Verkauf der Immobilie stehen die ausgebildeten Immobilienkaufleute den Kunden bei jedem Schritt zur Seite. Jeder überzeugt mit anderen Fachkompetenzen. Inhaber Boris Bartz ist das Herz der Firma und als gelernter Handwerker und Kaufmann legt er Wert auf einen bodenständigen Kundenkontakt.

Gabriele Kölbl ist die Erfahrene, die mit Einfühlungsvermögen unterschiedliche Interessenlagen zusammenführt. Melanie Schmidt lässt als die Optimistische nicht so schnell den Kopf hängen, wenn es mal schwierig wird. Nicolas Kunz bringt als der kreative und innovative Denker neue Ideen in die Firma mit ein. Zu den exklusiven Serviceleistungen für Kunden zählen zum Beispiel die Erstellung eines kostenfreien Energieverbrauchausweises, professionelle Fotos, Premiumplatzierungen der Immobilie im Internet sowie 3D-Grundrissaufbereitung und die Aufnahme einer virtuellen Besichtigung mit modernster 360-Grad-Panoramatechnik. Eine Mietausfallversicherung schützt den Vermieter innerhalb der ersten zwölf Monate vor finanziellen Einbußen. Sollte unerwartet der Mieter in den ersten zwölf Monaten nach der Vermietung wieder ausziehen, garantiert Bartz Immobilien eine kostenlose Neuvermietung der Immobilie. Serviceleistungen, die nicht überall selbstverständlich sind – für Boris Bartz allerdings schon, denn die Zufriedenheit der Kunden hat oberste Priorität.

BARTZ IMMOBILIEN
Boris Bartz

Glockengasse 10
67435 Neustadt
Telefon 0 63 27 / 5 07 07 33

info@bartzimmobilien.de
www.bartzimmobilien.de

WINZERBRÜDER AUF ERFOLGSKURS

AUGUST ZIEGLER WEINGUT
Harald und Uwe Ziegler

Bahnhofstraße 5
67487 Maikammer
Telefon 0 63 21 / 9 57 80

info@august-ziegler.de
www.august-ziegler.de

Viermal Winzer des Jahres, 15 Bundesehren-preise in Folge – Harald und Uwe Ziegler machen alles richtig. 1997 haben die Brüder als achte Generation die Leitung des Familienweinguts August Ziegler in Maikammer übernommen, dessen Tradition im Weinbau bis ins Jahr 1717 zurückgeht. Dabei haben sie beschlossen, neue Wege einzuschlagen. Eine Entscheidung, die belohnt wurde. Auf 21 Hektar Rebfläche werden 20 verschiedene Sorten angebaut. Das bedeutet viel Arbeit, aber auch ein vielfältiges Sortiment, mit dem sie immer wieder ihre Stammkunden und neue Weinfreunde begeistern. Stolz sind die Brüder dabei auf ihre roten Erzeugnisse. Mit Merlot, Shiraz, Cabernet Franc und Co. haben sie eindrucksvoll das Image des deutschen Rotweins revolutioniert. Natürlich finden sich auch ausge-fallene Weißweine und Sekte in der 60 Posten umfassenden Produktpalette. Die Weine der Pfälzer werden in ganz Deutschland getrunken, denn Zieglers arbeiten eng mit gastronomischen Betrieben zusammen. Von der Nordsee bis nach Bayern – der Name Ziegler ist überall bekannt und steht für Qualität, die man schmeckt. Dafür sorgt Winzermeister Uwe Ziegler, der gemeinsam mit seinen Mitarbeitern die Rebanlagen mit viel Sorgfalt und Liebe bewirtschaftet. Teilweise erfolgt die Lese auch noch per Hand. Zwischen 2011 und 2014 ist er zu einer alten Tradition zurückgekehrt und hat einen Hektar Rebfläche mit Johnny, einem Kaltblut, bearbeitet. Die Weine, die während dieses Projekts entstanden, bereichern noch heute das umfangreiche Angebot. Sein Bruder Harald kümmert sich als studierter Betriebswirt um Vertrieb, Marketing und Anfragen für Weinproben. Diese finden in der großen Weingalerie statt. Seminare zum Thema Essen und Wein werden ebenfalls auf Anfrage angeboten. 2017 soll das 300-jährige Bestehen des Weinguts natürlich mit einigen Veranstaltungen groß gefeiert werden.

GESUNDES BAUEN UND WOHNEN

Ein ökologischer Innenausbau und ein gesunder Schlaf liegen der b.a.u.m-natur GmbH besonders am Herzen. Seit 30 Jahren ist der Fachhandel mit eigener Schreinerei ein kompetenter Partner, wenn es um gesundes Bauen und Wohnen geht. 1986 als Werkstatt für Massivholzmöbel und Innenausbauarbeiten gegründet, wurde das Sortiment stets erweitert. In Maikammer berät Klaus Frenzel die Kunden, die sich vor Ort ein Bild von dem breiten Angebot an Betten machen und gleich auf den Matratzen aus Naturlatex Probeliegen können. Ergonomische Sitzmöbel und individuell angefertigte Einbauküchen stellt die b.a.u.m.-natur GmbH ebenso her wie Massivholzböden oder Türen und Fenster, die speziell für den Denkmal- und Einbruchschutz geeignet sind. Biologische Oberflächenmittel, Dämmstoffe und Textilien aus IVN-zertifizierter Biobaumwolle runden das Sortiment ab. Eines haben all diese Produkte gemeinsam: Sie sind aus natürlichen Rohstoffen und Materialien hergestellt. Eine ausführliche und kompetente Beratung ist Klaus Frenzel sehr wichtig. Egal ob es sich um individuelle Schlafsysteme, einen ökologischen Bau, eine sachgerechte Sanierung oder Dämmen mit Hanf geht – er und seine Mitarbeiter nehmen sich Zeit für die Kunden, die bei der Umsetzung ihrer Wünsche auf die langjährigen Erfahrungen der Experten vertrauen können. In der Tischlerei werden ausschließlich heimische Hölzer verarbeitet, die aus nachhaltiger Forstwirtschaft stammen. Daher ist die b.a.u.m.-natur GmbH ein Partner des Biosphärenreservats Pfälzerwald-Nordvogesen. Die Gesundheitsverträglichkeit im Gebrauch und die Umweltverträglichkeit bei der Produktion sind zwei Kriterien, auf die die Firma in den Bereichen Innenausbau, Renovierung und Einrichtung achtet. Genau diesen Leitfaden schätzen die vielen Stammkunden, die mit der b.a.u.m.-natur GmbH einen Partner haben, bei dem die Gesundheit an erster Stelle steht.

B.A.U.M.-NATUR GMBH
Klaus Frenzel

Raiffeisenstraße 3
67487 Maikammer
Telefon 0 63 21 / 3 38 66

info@baum-natur.de
www.baum-natur.de

MIT KOCHKUNST UND AMBIENTE VERZAUBERN LASSEN

Wo Moderne und Tradition zusammentreffen, entstehen oft die köstlichsten Kreationen. Seit mehr als drei Jahrzehnten steht der Spelzenhof in Altdorf für die gelungene Verbindung von regionaler Ursprünglichkeit mit toskanischem Flair. Das beginnt bereits bei der Einrichtung: Im Sommer lädt der mediterran gestaltete und dicht belaubte Innenhof zum Verweilen ein. In den kälteren Jahreszeiten locken die gemütliche Weinstube und Scheune mit ihrem Mobiliar – kein Stuhl gleicht hier dem anderen. Geschmack und Hochwertigkeit werden hier großgeschrieben. Für die stilvolle Atmosphäre ebenso wie für die inspirierte Speisekarte verantwortlich ist Ursula Hitschler persönlich. Im Spelzenhof kocht die Chefin noch selbst – und begeistert Stammkunden und neue Gäste mit Neuinterpretationen regionaler Speisen. „Die Gerichte zeichnen sich durch ihre Naturnähe aus. Außerdem lege ich großen Wert auf die Verwendung regionaler Produkte", sagt die engagierte

Überzeugungstäterin. So kommen die Kartoffeln aus dem Nachbarort, die Kräuter aus dem Gemüsegarten der Vorderpfalz und die große Weinauswahl direkt von Ehemann Hermann Hitschler. Frische und Saisonalität machen die Speisen im Spelzenhof in der ganzen Region beliebt. Keine Jahreszeit vergeht, ohne dass die Weinstube hochfrequentiert ist. Die Speisekarte kombiniert traditionelle pfälzische Kost, leichte Speisen und an der mediterranen Küche orientierte Gerichte. Auch für Vegetarier, Veganer und Gäste mit Lebensmittelintoleranz gibt es abwechslungsreiche Alternativen. Im Frühling und Sommer können die Gäste aus der vielfältigen Spargel- und Erdbeer- sowie einer kreativen, leichten Sommerkarte wählen, der November ist ganz der Martinsgans und dem Wild gewidmet. Der raffinierte Charakter tut der Bodenständigkeit in diesem Weinstubenschmuckstück keinen Abbruch. Hier bleibt alles hausgemacht – von den Gnocchi bis zu den leckeren Kuchen, die samstags und sonntags zum Kaffee serviert werden.

WEINSTUBE SPELZENHOF
Ursula Hitschler

Hauptstraße 77
67482 Altdorf
Telefon 0 63 27 / 8 45

www.spelzenhof.de
kontakt@spelzenhof.de

FERIEN MACHEN MIT WOHLFÜHL-FAKTOR

Die Gastfreundschaft ist Teil der Pfälzer Identität. Perfekt passt deshalb auch das Motto, mit dem der „Spelzenhof" in Altdorf für seine Ferienwohnung wirbt. Das Heimatlied „Auf ihr Brüder in die Pfalz" richtet sich als Einladung an Fremde wie an Rückkehrer. In dem Lied geht es um Brüderlichkeit, um Genuss und um Heimatverbundenheit. All das charakterisiert auch die Ferienwohnung im Spelzenhof – und überrascht dabei dennoch mit junger und moderner Ausstattung. Die frisch renovierte Wohnung mit zwei Schlafzimmern ist komfortabel, hell und so liebevoll eingerichtet, dass man dort verweilen möchte.

Dabei gibt es auch in der direkten Umgebung viel zu entdecken: An der Schnittstelle zwischen Speyer, Neustadt und Landau gelegen, bildet Altdorf den optimalen Ausgangspunkt für Kulturliebhaber. Doch auch Outdoor-Reisende, die statt der Altstädte der Region oder des Speyerer Doms lieber die Natur erkunden, werden Gefallen an der Ferienwohnung im Spelzenhof finden, um von hier aus in den Pfälzerwald oder eine Tour entlang des Kraut- und Rüben-Radwegs zu starten.

Ein langer Ausflugstag lässt sich in der Wohnung dank der hervorragend ausgestatteten Küche und der Nähe zum lokalen Bäcker perfekt vorbereiten. Und wer abends einfach entspannen will, wird sich in der großen Badewanne und an den bequemen Sitz- und Liegegelegenheiten erfreuen.

Den idealen Ausklang für den Abend bietet zudem die direkt an der Ferienwohnung gelegene Weinstube Spelzenhof. Mit ihrer kreativen regionalen Küche, die auf saisonale und natürliche Produkte setzt, ist sie eine der etabliertesten Weinstuben der Region. Auch der hauseigene Wein lässt sich dort genießen – oder eben ganz privat in der Wohnung. Denn zur Gastfreundschaft gehört im Spelzenhof auch, dass Gäste der Ferienwohnung mit einer Flasche Wein auf's Haus begrüßt werden.

FERIENWOHNUNG
IM SPELZENHOF
Familie Hitschler

Hauptstraße 77
67482 Altdorf
Telefon 0 63 27 / 8 45

ferien@spelzenhof.com
www.spelzenhof.com

DIE WEINBERGE SIND ZU JEDER JAHRESZEIT EIN TOLLER ANBLICK.

EIN CAFÉ FÜR MENSCH UND HUND

CAFÉ ZUCKERSCHNECKE
Barbara & Stefan Büchler

Weinstraße 30 a
76835 Rhodt unter Rietburg
Telefon 0 63 23 / 9 35 13 93

kontakt@cafe-zuckerschnecke.de
www.cafe-zuckerschnecke.de

Im Café Zuckerschnecke in Rhodt unter der Rietburg kann es vorkommen, dass Gäste von Hund Jasper begrüßt werden. Der Cavalier King Charles Spaniel ist der heimliche Chef des Hauses, in dem Hunde ausdrücklich willkommen sind. „Meistens liegt er allerdings tiefenentspannt in seinem Körbchen", berichtet Barbara Büchler. Gemeinsam mit ihrem Mann Stefan, einem ausgebildeten Koch, hat sie das gemütliche Café im August 2015 eröffnet. Das Ehepaar verzichtet bei der Zubereitung der Speisen auf die Zugabe von künstlichen Aromen, Geschmacksverstärkern oder Farbstoffen. Stattdessen werden, soweit es möglich ist, nur regionale und saisonale Produkte verwendet, denn Qualität steht an erster Stelle. „So wahre ich die Ursprünglichkeit und den guten Geschmack", erklärt Stefan Büchler, der bei der Zusammenstellung der Bistro-Karte auch gerne mal mit Rezepten experimentiert. Diese Leidenschaft teilt er mit seiner Frau, die für das Kuchen-

und Tortenangebot zuständig ist. Dabei ist sie stets auf der Suche nach etwas Neuem. Statt auf Fertigteigmischungen zurückzugreifen, benutzt sie alte Rezepte ihres Vaters, der Bäcker und Konditor war, und wandelt diese ab. Für Veganer findet sich auch immer etwas im Angebot, und die Kekse, die zum Kaffee gereicht werden, sind vegan zubereitet. Am Wochenende kann im Café Zuckerschnecke nach vorheriger Reservierung gefrühstückt werden. Wer Lust auf Eis hat, kann aus dem sieben Sorten umfassenden Angebot seine Lieblingssorte auswählen. Für Feinschmecker bietet das Ehepaar zudem ausgefallene Öle, Essige, Marmeladen, Chutneys oder Gewürze an. Diese bereitet Stefan Büchler selbst zu. Großteils werden dafür Kräuter oder Früchte aus dem eigenen Garten verwendet. Dort wurden auch viele der Fotografien aufgenommen, die die hellgrünen Wände schmücken und passend zum Namen zahlreiche Schnecken zeigen.

VIELE WEGE ZUR ENTSPANNUNG

Bunte Erlebniswelt – hinter diesem Namen verbirgt sich eine Vielzahl von Angeboten für Groß und Klein. Beratung, Coaching und Prävention sind die Basiselemente. Personalcoach und Entspannungstrainerin Jasmin Schlimm-Thierjung hat sich ein Team zahlreicher qualifizierter Berater und Coaches wie Sportwissenschaftler, Ernährungsberater, Physiotherapeuten, Pädagogen oder Mediziner aufgebaut. Sie alle möchten mit ihren Seminaren die Gesundheit und das Wohlbefinden der Teilnehmer stärken. Die Kurse sind maßgeschneidert, denn jeder Mensch ist anders. So finden Einzelpersonen, Erwachsene, Kinder, Familien, Vereine, Kindergärten, Schulen, Praxen, Unternehmen oder Gruppen genau das passende Angebot, das in Absprache mit den Kunden auf deren Bedürfnisse abgestimmt wird. Alle Seminare und Workshops bauen auf vier Säulen auf: Ernährung, Entspan-

nung, Bewegung und Bewusstsein. Die Kurse können in den eigenen Räumlichkeiten oder in den Räumen der Bunten Erlebniswelt stattfinden. Die Experten zeigen dabei praktische Ansätze auf, die sofort in den Alltag integriert werden können. Sei es aus den Bereichen Burn-out- oder Anti-Stress-Training, Mental- und Verhaltenstraining oder Entspannungs- und Stressbewältigungsverfahren wie zum Beispiel ZENbo, Yoga, Qigong, Selbstverteidigung oder autogenes Training. Bei Natur- und Erlebnistrainings wie Wander-, Kletter- oder Kanutouren wird das Team- und Selbstwertgefühl gestärkt. Lehrer, Erzieher oder Pflegekräfte können von der Marte-Meo-Methode profitieren. Bei den Seminaren lernen die Teilnehmer den Umgang mit der videogestützten Beratungsmethode kennen. Sie können dann deren Elemente bei der eigenen Arbeit anwenden und damit die soziale und emotionale Entwicklung von Personen, die sie begleiten, unterstützen.

BUNTE ERLEBNISWELT
Jasmin Schlimm-Thierjung

Queichheimer Hauptstraße 201
76829 Landau
Telefon 0 63 41 / 68 99 59

info@bunte-erlebniswelt.de
www.bunte-erlebniswelt.de

DIE EIGENEN STÄRKEN STÄRKEN

Immer mehr Krankheitstage sind auf Ursachen zurückzuführen, deren Auslöser Stress ist. Sowohl in der Berufswelt als auch im privaten Bereich wird zunehmend Flexibilität verlangt. Doch ein Mensch funktioniert nur, solange Körper, Geist und Seele in Balance sind. Das ist das Credo von Inhaberin Jasmin Schlimm-Thierjung und ihrer Geschäftspartnerin Silvia Schanze, die mit ihrer Firma Zielweiser Möglichkeiten aufzeigen, um Stress im Berufsalltag zu reduzieren. Das umfangreiche Angebot, das von Landau und Hamburg aus gesteuert wird, richtet sich an Führungskräfte und Betriebe, die etwas für sich selbst, ihre Mitarbeiter und das Betriebsklima bewirken möchten. Die Seminare und Coachings befassen sich schwerpunktmäßig mit betrieblichem Gesundheitsmanagement, Resilienztraining und Anti-Stress-Management. Auch die Bereiche Konfliktmanagement, Work-Life-Balance und Teambildung werden von den Coaches abgedeckt. Die Seminare werden dabei individuell auf das jeweilige Unternehmen zugeschnitten, um die

geeigneten Präventivmaßnahmen zu finden, die den Mitarbeitern ein attraktives und gesundheitsförderndes Arbeitsumfeld bieten können. Möglich macht dies ein aus verschiedenen Bausteinen bestehendes Konzept, aus dem die passenden Module für den jeweiligen Betrieb gewählt werden können. Personal und Business Coaching, Mentaltraining, Meditation, Achtsamkeit oder Burn-out-Prävention sind nur einige Möglichkeiten, die helfen, die eigenen Stärken zu stärken und Stress zu vermeiden. Natürlich sind diese Konzeptbausteine nicht nur für Unternehmen gedacht, sondern auch für Einzelpersonen. Denn die Gesundheit ist ein hohes Gut, das es zu schützen gilt. Im privaten wie auch im beruflichen Umfeld. Weniger Belastung bedeutet zufriedenere Menschen, die motivierter an die Arbeit gehen. Ein Aspekt, von dem alle profitieren: die Personen und das Unternehmen.

ZIELWEISER
Jasmin Schlimm-Thierjung

Queichheimer Hauptstraße 201
76829 Landau
Telefon 0 63 41 / 68 99 59

info@zielweiser.de
www.zielweiser.de

PLATZ FÜR 200 GÄSTE

Einen Ausflug in die kulinarische Welt Griechenlands bietet das Restaurant Poseidon, das mitten im Herzen Landaus zu finden ist. Seit 2009 kümmert sich Familie Tzanzas um den Traditionsbetrieb, der 2017 sein 30. Jubiläum feiert. In dieser Zeit hat das Poseidon mit seiner Mischung aus gemütlicher Atmosphäre, griechischer Gastfreundlichkeit und qualitativ hochwertigen Speisen einen bleibenden Eindruck bei vielen Kunden hinterlassen, die sich immer wieder gerne in dem urig eingerichteten Restaurant kulinarisch verwöhnen lassen. Die Speisekarte mischt traditionelle und neue Kreationen der griechischen und mediterranen Küche und sorgt damit für außergewöhnliche Geschmackserlebnisse. Ein stimmiges Preis-Leistungs-Verhältnis ist Familie Tzanzas dabei besonders wichtig. Im

Poseidon gibt es Portionen und Qualität zu fairen Preisen – genau das schätzen die vielen Stammkunden. Platz für private Feierlichkeiten bietet das traditionsreiche Haus reichlich. So stehen in der oberen Etage 60 Plätze und im urigen Gewölbekeller, der eine ganz besondere und wohlige Atmosphäre schafft, 120 Plätze zur Verfügung. Im Sommer können die Gäste das Ambiente der wunderschönen Terrasse genießen. Diese liegt im mediterran gestalteten Innenhof, der sich ebenfalls perfekt für Veranstaltungen eignet. Egal ob Hochzeiten, Geburtstage oder Jubiläen, hier kann ausgelassen und unter freiem Himmel gefeiert werden. Der Vorteil: Da es sich um einen Privathof handelt, müssen die Gäste nicht um 23 Uhr ins Innere umziehen. Stattdessen können hier laue Sommernächte, beispielsweise bei einem leckeren saisonalen Cocktail, ausgiebig genossen werden. Egal ob drinnen oder draußen Platz genommen wird, die Gäste sollen sich im Poseidon wohlfühlen, denn die Zufriedenheit der Kunden hat bei Familie Tzanzas oberste Priorität.

RESTAURANT POSEIDON
Efstathios Tzanzas

Schützengasse 4
76829 Landau
Telefon 0 63 41 / 2 08 80

poseidonlandau@gmail.com
www.poseidon.rest

LEBENSFREUDE DURCH BEWEGUNG

Relax Fitness – ein Name, der für die Kombination von Gesundheit und Wohlbefinden steht. Dieses Konzept hat bereits in Kandel und Haßloch die Nutzer überzeugen können, und auch in Landau erfreuen sich seit Juni 2012 zahlreiche gesundheitsbewusste Menschen an der Mischung aus Fitnessstudio und Wohlfühloase. Auf einer Gesamtfläche von mehr als 5000 Quadratmetern finden die Besucher alles, was das Herz begehrt. Der klassische Fitnessbereich wird von einem großen Saunabereich ergänzt, der zahlreiche Möglichkeiten bietet. Angefangen

von der Trockensauna 90 Grad über die Feuchte Sauna/Biosauna 60 Grad bis hin zur Infrarotsauna und schließlich zur Damensauna. Hier findet jedes Mitglied immer das Passende. Nach dem gesunden Schwitzen bieten Ruheräume die Gelegenheit, in einer angenehmen Atmosphäre zu relaxen. Im ganzen Haus stehen dank der gemütlichen Einrichtung das Wohlfühlen und Entspannen im Zentrum. Im Relax Fitness sollen die Mitglieder eine kleine Auszeit vom Alltag bekommen und dabei noch etwas für ihre Gesundheit tun. Körper und Seele können hier wieder in Einklang gebracht werden. Bei lockeren Runden im Schwimmbecken auf dem Außengelände wird der Kopf frei und man merkt förmlich, wie so manche Last, die jeder im Alltag mit sich herumschleppt, im Wasser davongetragen wird.

Im Trainingsbereich bieten sich in Landau optimale Bedingungen. Die Investoren, die auch die Anlage betreiben, haben sich bewusst für zwei Herstellerfirmen entschieden, um den Trainierenden im Gerätebereich eine breite Palette an Möglichkeiten bieten zu können. Diese können nun ein umfangreiches Angebot an Gerätelinien nutzen. Freeweight-Geräte der Marke Gym 80 zeichnen sich mit freien Gewichten aus, die besonders für ein ambitioniertes Training geeignet sind. Neueinsteiger können auf das chipkartengesteuerte Gerätezirkelprogramm der Firma Pulse Fitness vertrauen, das ihnen ein kontrolliertes Training ermöglicht. Eine großzügige Ausdauerempore rundet das vielfältige Geräteangebot ab. Hier stehen Laufbänder, Crosstrainer, Sitz- und Liegefahrräder sowie ein Stairmaster zum Trainieren bereit.

Das Kursprogramm überrascht mit außergewöhnlichen Angeboten. In den fünf XXL-Kursräumen wird zum Beispiel neben den gängigen Kursen wie Aerobic, Zumba, Pilates und Indoor-Cycling auch Taebo unterrichtet. Das Relax Fitness in Landau möchte nämlich auch in dieser Sparte seinen Kunden ein möglichst abwechslungsreiches und breit aufgestelltes Programm bieten. Besonders ist zum Beispiel das TRX Suspension Training – ein dreidimensionales Ganzkörpertraining, das sich für jeden Fitnesslevel eignet. Dieses vereint mehr als 200 Übungen an einem Trainingsgerät, bei denen nur das eigene Körpergewicht gegen die Schwerkraft arbeitet. Beim Slim-Belly-Training wird ein patentierter Gürtel mit Druck und Unterdruck in Kombination mit Ausdauertraining angewandt. Das Ergebnis: eine gezielte Durchblutung des Bauchbereichs, der dadurch deutlich reduziert werden kann.

Den Mitgliedern stehen natürlich stets qualifizierte und geschulte Mitarbeiter zur Seite. Denn auf eine kompetente und individuelle Beratung wird im Relax Fitness großer Wert gelegt. Fitnessökonomen sowie ausgebildete Sport- und Fitnesskaufleute stellen eine persönliche Betreuung der Kunden sicher, damit diese sich bei ihrem Aufenthalt im Relax Fitness nicht nur wohlfühlen, sondern auch das beste Trainingsergebnis erzielen. Statt eines anonymen Check-in-Systems setzt man in Landau auf den persönlichen Kontakt, denn mit einem Lächeln begrüßt zu werden, steigert sogleich die Motivation. Einem erholsamen und erfolgreichen Tag im Relax Fitness steht damit nichts mehr im Weg.

RELAX FITNESS
Jürgen Meigel

Albert-Einstein-Straße 6
76829 Landau
Telefon 0 63 41 / 9 42 84 50

info@relaxfitness-landau.de
www.relaxfitness-landau.de

DIE TREPPENPROFIS

STOCK I WERK
WIEANDT TREPPENTECHNIK
Tilo Wieandt

Max-von-Laue-Straße 6
76829 Landau
Telefon 0 63 41 / 6 73 19 65

tilowieandt@stockwerk-treppen.de
www.stockwerk-treppen.de

Elegante Lösungen, um von einer Etage zur nächsten zu gelangen, bietet Stockwerk in Landau. Das Unternehmen hat sich auf hochwertige Treppenkonstruktionen im High-End-Bereich spezialisiert, von deren Vielfalt sich die Kunden in den Ausstellungsräumen überraschen lassen können. Bei den Experten, die mehr als 25 Jahre Erfahrungen im Treppenbau vorweisen können, ist nichts unmöglich. Um die oft speziellen Kundenwünsche, die sich von Standardanfertigungen abheben, erfüllen zu können, halten Tilo Wieandt und sein Team ein breites Angebotsspektrum parat. Treppen, die zu schweben scheinen, oder ein Zusammenspiel aus Holz, Stahl und Stein, das sogenannte Techne-Produkt, das anmutig Kunst und Technik verbindet – den Handwerksmeistern ist kein Wunsch zu extravagant, denn die Zufriedenheit der Kunden steht an erster Stelle. Egal ob Standard-, Spiral, Glas- oder Stahltreppen, am Ende erhält jeder Kunde genau das Unikat, das er sich vorgestellt hat und sich optimal in den Raum einfügt. Tilo Wieandt hat

mit seinem Team sogar eine spezielle Spiral-Faltwerktreppe entwickelt, die aussieht, als würde man ein Origami entfalten. Edle Holzstufen, die sich fast mühelos kreisförmig in die Höhe winden, verblüffen den Betrachter. Das Stahlkonstrukt, das die Treppe trägt, ist nicht zu sehen. Dieses Eigenkonstrukt hat weltweit Liebhaber gefunden, unter anderem in Dubai oder Reykjavik. Überall vertrauen Kunden und Wiederverkäufer auf die Fachkompetenz der Pfälzer und die Qualität ihrer Produkte. Jede Treppe wird individuell nach den Vorstellungen der Kunden angefertigt, aufgebaut und überprüft sowie anschließend sicher verpackt zu dem Ort ausgeliefert, an dem die fachgerechte Montage erfolgen soll. Mit diesem konsequent guten Service hat Stockwerk mühelos die Treppenstufen auf dem Weg zu einem Partner, dem man vertraut, erklommen.

ST. MARTIN IST UMGEBEN VON EINER IDYLLISCHEN REBENLANDSCHAFT.

DAS LICHT INS HAUS HOLEN

Dieses imposante Gebäude zieht sofort alle Blicke auf sich: das Glashaus, das auf dem Gelände der Firma FW Glashaus in Bornheim bei Landau steht. Es zeigt eindrucksvoll, wie filigran Stahl-Leichtbau-Architektur sein kann und was alles möglich ist, wenn Experten am Werk sind. Seit mehr als 30 Jahren sorgt Jürgen Frey mit seinem Team dafür, dass Häuser oder Büros mittels Glasbauweise von Licht durchflutet werden. Egal ob gläserne Fassaden, Dächer, Hallen, Treppenhäuser, Wintergärten oder Türen – die Möglichkeiten sind vielfältig und werden eindrucksvoll in den Ausstellungsräumen des Glashauses präsentiert. Die Kunden können bei der Umsetzung ihrer Wünsche auf die Erfahrung von Frey, seinen Söhnen Sascha und Sebastian sowie den rund 30 Mitarbeitern vertrauen, denn alle sind sie Experten für filigrane Konstruktionen aus Glas und Metall. Die Ästhetik spielt bei der Bauweise stets eine große Rolle, ebenso die Wünsche der Kunden, die bestmöglich umgesetzt werden. Nicht selten kommt es daher

vor, dass die Fachleute die Grenzen von Statik und Physik immer wieder aufs Neue ausloten müssen. Die Sicherheit wird dabei allerdings nie aus den Augen verloren. Das setzt natürlich eine gründliche Planung und Durchführung voraus, die im FW Glashaus genau wie eine kompetente und individuelle Beratung an erster Stelle stehen. Selbst große Teile werden in der eigenen Werkstatt gefertigt, bekommen in der Strahl- und Lackanlage den passenden Look verpasst und werden direkt vor Ort fachgerecht montiert. Mit präziser Arbeit hat sich FW Glashaus weit über die Region hinaus einen guten Ruf aufgebaut. Nicht nur private Bauherren setzen auf den umfangreichen Erfahrungsschatz von Frey und seinen Mitarbeitern im Stahl-Leichtbau, sondern auch Architekten und Bauträger von Großprojekten schätzen die professionelle und qualitativ hochwertige Umsetzung der Aufträge.

FW GLASBAU METALLBAU
Jürgen Frey

In der Viehweide 19
76879 Bornheim
Telefon 0 63 48 / 9 84 30

j.frey@fw-glashaus.de
www.fw-glashaus.de

JEDE MENGE SPIELSPASS

Im Tibolin sind die Kleinsten die Größten. In dem 6 000 Quadratmeter großen Kinderspielpark in Offenbach an der Queich können Kinder nach Herzenslust toben. Verschiedene Spielbereiche sorgen für Abwechslung und jede Menge Spielspaß, an dem sich „ausdrücklich auch die Erwachsenen beteiligen dürfen", erklärt Inhaber Daniel Steinbach. Wer die verschiedenen Bereiche erkunden möchte, muss einfach Socken oder Schläppchen mitbringen und schon kann es mit der Erkundungstour losgehen. Das Klettergerüst bietet unzählige Möglichkeiten, ebenso die verschiedenen Rutschen oder der SpiderTower.

Oder wie wäre es mit einem Besuch bei Snappy, der immer Hunger hat und daher sein großes Maul ständig öffnet und wieder schließt? Damit bietet er auch ein tolles Versteck. Auf dem Teufelsrad können Freunde testen, wer es denn am längsten auf dem sich schnell drehenden Rad aushält. Richtig wacklig wird es auf dem Softmountain, der die motorischen Fähigkeiten fordert und fördert. Eine super Aussicht über die Halle bietet die Spitze des Riesenvulkans. Der Aufstieg lohnt sich, denn die anschließende Rutschpartie ist eine Riesengaudi. Im Kleinkinderbereich bieten Bällchenbad, Krabbelwürmchen und Kleinkindergerüst reichlich Spielvergnügen. Die zehn Felder umfassende Trampolinanlage lädt zu hohen (Luft-) Sprüngen ein. Und ein weiteres Highlight ist das Piratenland mit Soft-ShooterAnlage. Im Außenbereich wartet ein Spielschiff darauf, geentert zu werden. Eigene Speisen und Getränke können mitgebracht werden. Natürlich gibt es vor Ort auch einen Imbiss, der unter anderem Hamburger, Currywurst, Pommes oder Pizza anbietet. Spielen und feiern – auch das ist im Tibolin möglich. Bei Kindergeburtstagen stehen Geburtstagstische mit Menüs oder Selbstverpflegung zur Auswahl. Denn jeder Geburtstag ist einzigartig und so soll er auch gefeiert werden!

TIBOLIN KINDERSPIELPLATZ
Inhaber Daniel Steinbach

Franz-Matt-Straße 13
76877 Offenbach an der Queich
Telefon 0 63 48 / 98 34 07

info@tibolin.de
www.tibolin.de

FRISCH, INNOVATIV UND MUTIG

In der Bärenklause, einem denkmalgeschützten Fachwerkhaus im beschaulichen Weinort Herxheim bei Landau, trifft Gemütlichkeit auf Gastlichkeit. Angela und Sven Siebisch haben nach einer langen Zeit in der Schweiz, wo sie sich auch kennengelernt haben, im März 2015 das Traditionslokal übernommen. Das Ehepaar hat sein Handwerk von der Pike auf gelernt. Im Service kümmert sich Angela Siebisch um das Wohl der Gäste, das bei den Gastronomen an oberster Stelle steht. „Wer zu uns kommt, soll sich von Anfang an wohlfühlen", sagt Sven Siebisch. Der Küchenmeister setzt bei der Speisekarte auf Saisonalität, Nachhaltigkeit und Authentizität. Seine Kreationen vermischen bewährtes Traditionelles mit innovativ Neuem. Heraus kommen kreative Ideen, die den Gaumen überraschen. In Siebischs Küche wird gänzlich auf Fertigprodukte, Geschmacksverstärker und Zusatzstoffe verzichtet. Daher kann er auch

auf Wünsche der Gäste speziell eingehen, zum Beispiel wenn eine Unverträglichkeit vorliegt. „Die Gäste können uns einfach ansprechen, dann finden wir eine Alternative", erklärt Sven Siebisch. Im Sommer können sich die Gäste im schmucken Innenhof, der Platz für 16 Personen bietet, fernab von Hektik und Lärm eine kleine Pause gönnen. Bei Feiern – egal ob Geburtstage, Jubiläen oder Hochzeiten – arbeiten die Siebischs eng mit den Gästen zusammen, um deren individuellen Wünsche bestmöglich umzusetzen. Vom Sieben-Gänge-Menü bis zur kleinen Buffet-Karte ist alles möglich. Ab 16 Personen besteht zudem die Möglichkeit einer geschlossenen Gesellschaft. Auch ein Catering-Service gehört zum Angebot der Bärenklause, die noch mit etwas Besonderem aufwarten kann. Am 6. Mai 1793 beschossen französische Truppen das Gebäude. Eine knapp zwei Kilogramm schwere Geschützkugel aus Eisen steckt immer noch im Gebälk des Fachwerkhauses und ist von außen zu sehen.

RESTAURANT BÄRENKLAUSE
Sven und Angela Siebisch

Holzgasse 28
76863 Herxheim
Telefon 0 72 76 / 9 87 21 50

info@baerenklause-herxheim.de
www.baerenklause-herxheim.de

LOKAL MIT EIGENER METZGEREI

Mehr als 100 Jahre Familientradition sind ein guter Grund, in Neupotz im Gasthaus „Zum Karpfen" einzukehren. Dies ist ein Treffpunkt für Liebhaber einer guten Frische-Küche ohne Schnickschnack. Die Tochter, Daniela Gehrlein-Bauer, führt sowohl das Restaurant als auch die Metzgerei in der vierten Generation und schwingt federführend den Kochlöffel in der Küche. Unterstützung bekommt sie von ihrer Mutter Inge Gehrlein und engagierten Mitarbeitern, die schon jahrelang dem „Karpfen" die Treue halten. So wie die vielen Stammgäste aus Speyer, Landau und Karlsruhe, die diesen familiären Charakter ebenso schätzen. Das Fleisch liefert natürlich die eigene Metzgerei, die auch noch selbst schlachtet. Montags ist dann ab 11.30 Uhr Schlachtfest mit Kesselfleisch und anderen

Pfälzer Köstlichkeiten. Eine weitere Spezialität des Hauses ist das frische Rindertatar. Die Tiere bezieht Familie Gehrlein aus einem Umkreis von 20 Kilometern. Auch Wild und ab November die gefüllte Gans aus dem Ofen stammen aus der Region, daher ist das Gasthaus bei Slow Food gelistet. Bei Gemüse, Nudeln, Eiern und Weinen wird ebenfalls auf Regionalität gesetzt. Aber auch Fischesser finden hier ein attraktives Angebot. Der ganze Zander sowie Hecht und im Frühjahr sogar Aal stammen aus heimischen Gewässern. Familie Gehrlein lässt das Herz des kulinarischen Pfalzliebhabers höher schlagen. In dem gemütlichen Gastraum finden 60 Personen Platz, und das Obergeschoss bietet den richtigen Rahmen für private Veranstaltungen bis maximal 70 Personen. Eine kleine Terrasse mit Blick auf den Kirchplatz lädt im Sommer zum Verweilen ein. Der baldigen Einkehr nach einer Fahrt mit der Lusoria Rhenania, einem Originalnachbau eines Römerschiffes, steht also nichts entgegen!

GASTHAUS ZUM KARPFEN
Familie Gehrlein

Hauptstraße 1
76777 Neupotz
Telefon 0 72 72 / 21 98

info@gasthaus-zum-karpfen.de
www.gasthaus-zum-karpfen.de

FRUCHTBETONTE WEINE

Im beschaulichen Örtchen Kandel, nur etwa zehn Kilometer von der französischen Grenze entfernt, liegt das Weingut von Familie Jung. 1986 wurde die erste Flasche Wein abgefüllt. Damit erhielt der landwirtschaftliche Betrieb eine neue Ausrichtung. Seitdem steht der Weinbau im Mittelpunkt des Familienbetriebs, der sich besonders auf den Ausbau von fruchtintensiven und harmonischen Weinen spezialisiert hat. „Unser Schwerpunkt liegt auf Burgunder und Riesling", berichtet Karin Jung. Für ihre Weine haben die Jungs bereits mehrere Medaillen und Auszeichnungen erhalten. Mit Sohn Christian steht schon die nächste Generation in den Startlöchern. Er ist bereits Teilhaber und wird den Betrieb weiterführen, wenn sich seine Eltern in den Ruhestand verabschieden. Vor dem Einstieg ins Familienweingut hat er in anderen Betrieben Erfahrungen gesammelt, sowohl im In- als auch im Ausland. Diese fließen nun in den Traditionsbetrieb mit ein. „Er ist offen für Neues. So hat er beispielsweise bereits zwei Cuvées, einen roten und einen weißen, kreiert", sagt Karin Jung, die sich auch um die Weinstube kümmert. Diese

ergänzt seit 1997 das Weingut. In gemütlicher Atmosphäre können freitags und samstags nicht nur die Weine probiert werden, sondern ebenfalls das Angebot an Pfälzer Speisen, das alle 14 Tage wechselt. Die Karte richtet sich dabei nach der Saison. Zubereitet wird, was gerade auf dem Markt erhältlich ist. Neben zwei Grillabenden veranstaltet die Familie einmal im Jahr für interessierte Kunden eine Weinbergführung. Zwischen den Reben erfahren die Teilnehmer alles Wichtige rund um den Weinbau und dürfen Trauben probieren. Ein Pfälzer Buffet und eine Weinprobe runden die Führung ab. Wer den Wein nicht vor Ort kaufen kann, gibt einfach im Onlineshop seine Bestellung auf und darf sich dann über eine Lieferung aus der Pfalz freuen.

WEINGUT JUNG
Uwe und Karin Jung

Saarstraße 115
76870 Kandel
Telefon 0 72 75 / 22 29

info@weingut-jung-kandel.com
www.weingut-jung-kandel.com

IM FRÜHJAHR UND SOMMER SCHMÜCKEN FARBENFROHE PFLANZEN DIE FELD- UND WANDERWEGE.

EIN HAUCH VON ROSA: DIE MANDELBLÜTEN VERZAUBERN IM FRÜHJAHR EINHEIMISCHE UND TOURISTEN.

EIN ROSA FRÜHLING
MANDELBLÜTEN VERZAUBERN DIE LANDSCHAFT

Kaum ein Ereignis wird so sehr herbeigesehnt wie die Mandelblüte. Dies hat gleich zwei Gründe: Zum einen tauchen die hübschen Blüten die Landschaft in ein zartes Rosa, zum anderen wird damit das Ende des Winters verkündet. Im März oder April, je nach aktueller Wetterlage, setzen die Mandelbäume die Frühlingsgefühle in Gang und verzücken mit ihrer tollen Blütenpracht. Diese lässt viele Autofahrer entlang der Weinstraße einen ungeplanten Stopp einlegen, denn die Bäume, die meist in einer Reihe entlang der Straßen gepflanzt sind, sollte man sich wirklich aus der Nähe ansehen. Eine gute Möglichkeit dafür bietet der Pfälzer Mandelpfad. Dieser erstreckt sich auf einer Länge von 77 Kilometern durch die Weinlandschaft. Von Bad Dürkheim bis Schweigen-Rechtenbach kann man den rosa Blütenzauber bei Wanderungen oder Radtouren erkunden. Seit 2010 begleiten die Weindörfer die Mandelblüte mit einem ganz besonderen Programm: dem rosa Leuchten. Unter anderem erstrahlen die Burg Landeck in Klingenmünster, das Hambacher Schloss in Neustadt, der Flaggenturm in Bad Dürkheim, das Schloss in Bad Bergzabern oder die Dionysos-Kapelle in Gleiszellen in einem rosa Lichterglanz, der magische Akzente setzt.

Mit einem eigenen Mandelblütenfest feiert Gimmeldingen dieses besondere Ereignis. Die Premiere fand im April 1934 statt. Der Anstoß dazu kam vom Verkehrs- und Verschönerungsverein, dessen Ziel es war, die Attraktivität und Bekanntheit des Weindorfs durch das eintägige Mandelblütenfest zu steigern. Mit Erfolg, denn seitdem wird jährlich gefeiert. Nach einer Unterbrechung während des Zweiten Weltkriegs wurde das Mandelblütenfest 1950 mit einigen Neuerungen wieder reaktiviert. Die Feierlichkeiten wurden auf zwei Tage ausgeweitet und man entschied sich, eine eigene Mandelblütenkönigin zu krönen. Deren Amtszeit beschränkte sich allerdings auf einen Tag, denn nach einem Festumzug war sie auch schon wieder von ihren hoheitlichen Pflichten befreit. Beide Neuerungen halten sich allerdings bis heute. Gefeiert wird an zwei Tagen im Frühjahr – der Termin wird von den Beteiligten mit Blick auf das Wetter und den Zustand der Mandelbäume festgelegt. Denn die Besucher sollen natürlich die Weine und Speisen unter blühenden Mandelbäumen genießen können. Weiterhin wird eine Mandelblütenkönigin gekrönt. Sie ist für ein Jahr im Amt. Gemeinsam mit ihrer Prinzessin, die im Folgejahr zur Königin aufsteigt, darf sie das Weindorf Gimmeldingen bei Terminen und offiziellen Anlässen repräsentieren.

In Gimmeldingen wird jedes Jahr eine Mandelblütenkönigin gewählt.

Ein Fest zu Ehren der rosa Blütenpracht: Das Mandelblütenfest hat keinen vorbestimmten Termin, sondern richtet sich jährlich nach der Blütezeit der Mandelbäume.

GESCHICHTSSCHAUPLATZ BURG
HAMBACHER SCHLOSS UND TRIFELS

Im Hambacher Schloss können die Besucher auf denselben Stufen wandeln wie einst die Demonstranten des „Hambacher Fests".

Das Hambacher Schloss gilt als die Wiege der Demokratie. Die Burg war am 27. Mai 1832 Schauplatz für das „Hambacher Fest". Freiheit und Einheit waren die Ziele der 30 000 Demonstranten aus ganz Deutschland. Zu Beginn des 11. Jahrhunderts wurde das Hambacher Schloss von den Saliern erbaut. Damals bekam das Bauwerk den Namen Kestenburg (Kastanienburg) wegen der Wälder in der Umgebung. Die Burg wurde zunächst als Reichsfeste genutzt. Von 1100 bis 1793 war sie im Besitz der Bischöfe von Speyer. Die Geschichte meinte es nicht gut mit der Burg, denn sie wurde durch Kriege mehrfach zerstört. Zehn Jahre nach dem „Hambacher Fest", 1842, bekam der bayerische Kronprinz Maximilian die Ruine geschenkt, seitdem trägt sie auch den Namen Maxburg. Der neue Besitzer wollte sein neues Eigentum eigentlich zu einer Sommerresidenz ausbauen. Doch als das Geld knapp wurde, kam es 1847 zum Baustopp. Neun Jahre später kaufte der damalige Landkreis Neustadt die Burg dem Hause Wittelsbach ab. Die Ausbauarbeiten wurden schrittweise fortgesetzt. So erhielt der Palastbau eine Überdachung, die ihn als Ort für repräsentative Veranstaltungen attraktiv macht. Kulturelle Events finden hier ebenfalls regelmäßig statt. Sehenswert ist die Ausstellung „Ein Fest für die Freiheit", die die Bedeutung der Burg als Ort der Demokratie aufzeigt. Die Europäische Kommission ernannte das Hambacher Schloss 2015 zum Europäischen Kulturerbe. 200 000 Besucher kommen jährlich zu diesem geschichtsträchtigen Ort, was das Hambacher Schloss damit zur am häufigsten frequentierten Burg in der Pfalz macht.

Den Spitznamen Kestenburg verdankt das Hambacher Schloss den zahlreichen Kastanienbäumen, die in der Umgebung wachsen.

In der Burg Trifels wurde einst der englische König Richard Löwenherz gefangen gehalten. Heute ist die Burg ein beliebter Ausflugsort, der jährlich von mehr als 100 000 Menschen besucht wird.

Direkt dahinter auf Platz zwei liegt die Burg Trifels, die sich jährlich über 100 000 Besucher freuen kann. Diese lassen sich von der mittelalterlichen Burgenromantik der ehemaligen Reichsfeste der Staufer verzaubern. Gemeinsam mit ihren Trabanten Anebos und Münz bildet sie eine einzigartige auf Kegelbergen gelegene Burgenkette. Sie gehörte zu den Lieblingsburgen von Kaiser Barbarossa. Hier lagerten in der Schatzkammer des Heiligen Römischen Reiches Deutscher Nation die Reichskleinodien. Im Burgmuseum sind Nachbildungen von Kaiserkrone, Reichskreuz und Schwert ausgestellt. Die Felsenburg, die nicht ganz originalgetreu restauriert wurde, diente als Gefängnis für einen berühmten Adligen. Der englische König Richard Löwenherz verbrachte hier nicht ganz freiwillig im Jahr 1193 eine unbestimmte Zeit.

DEN PFÄLZERWALD ERKUNDEN
NATUR UND SEHENSWÜRDIGKEITEN

Das Ortsbild von St. Martin ist von alten Fachwerkhäusern geprägt.

Die Mittelgebirgslandschaft Pfälzerwald bietet das größte zusammenhängende Waldgebiet Deutschlands. Noch etwas größer ist der Naturpark Pfälzerwald, der 1958 gegründet wurde und auch den Landstrich zwischen dem Haardtrand und der Deutschen Weinstraße sowie die Täler von Eckbach und Eisbach umfasst. Er gehörte zu den ersten Naturparks in Deutschland. Mittlerweile ist er mit einer Größe von 179 000 Hektar einer der größten Naturparks im Bundesgebiet. Seine ursprüngliche Bestimmung war es, den Menschen der umliegenden Ballungsgebiete einen Ort zu bieten, der ihnen mit einer großzügigen und weitestgehend unberührten Naturlandschaft eine Gelegenheit zur Erholung bietet. 1967 wurde er zum Landschafsschutzgebiet. Sein Vorbildcharakter machte den Naturpark Pfälzerwald 1992 zu einem Biosphärenreservat, das von der UNESCO anerkannt wurde. Er bildet den deutschen Teil des grenzüberschreitenden deutsch-französischen UNESCO-Biosphärenreservats Pfälzerwald-Nordvogesen. Da die Kiefer am besten mit den Bedingungen, welche die trockenen und nährstoffarmen Sandböden bieten, zurechtkommt, ist sie im Pfälzerwald am meisten verbreitet.

Auf zahlreichen markierten Wanderwegen und Radtouren lassen sich die vielfältigen Naturlandschaften, die der Pfälzerwald zu bieten hat, erkunden. Ebenso führen diese oft vorbei an den vielen Burgen und Burgruinen, die als Sehenswürdigkeiten die Tour krönen. Die Tourist-Informationen der Städte und Dörfer halten umfangreiches Kartenmaterial bereit, mit dem man sich in das Abenteuer Wandern oder Radfahren stürzen kann.

Eine Möglichkeit davon ist der Pfälzer Keschdeweg. Auf einer Strecke von 24 Kilometern führt er vorbei an Burgen und Weinbergen und liefert an vielen Stellen einen tollen Blick auf die Rheinebene und den Pfälzerwald. Die vielen Esskastanienbäume, die der Tour ihren Namen verleihen, halten auch im Sommer schattige Plätzchen bereit. Startpunkt ist Burrweiler, das Ziel Neustadt. Auf dem Weg dorthin werden zahlreiche malerische Orte angesteuert. Als Erstes bieten Winzerbetriebe in Weyer eine Möglichkeit zur Rast. Weiter geht es in den Weinort Rhodt unter der Rietburg, dessen mit Weinlauben umrankte Häuserfassaden ein malerisches Bild zaubern. In der Nähe von Edenkoben kann man einen Abstecher zur Villa Ludwigshöhe machen, die von Bayernkönig Ludwig I. von 1846 bis 1852 errichtet wurde. Die Schlossvilla fasziniert mit ihrem italienisch anmutenden Charme. In St. Martin lockt schließlich ein Spaziergang durch die mittelalterlichen Gässchen.

Die Villa Ludwigshöhe verbreitet mitten in der Pfalz italienischen Charme.

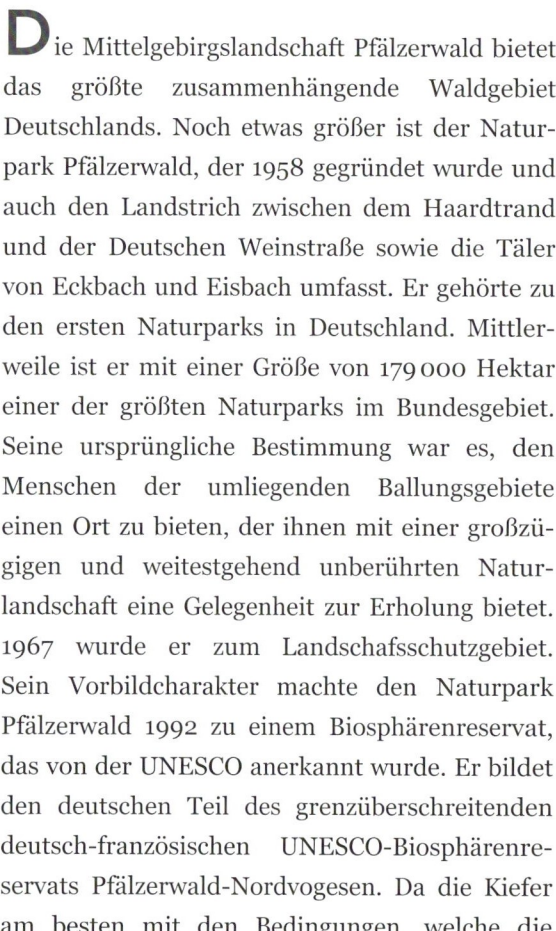

EIN WEG ZUR KALMIT – DEM HÖCHSTEN BERG DES PFÄLZERWALDES.

GAR NICHT SO KLEIN

Wer Kuchen und Torten mag, ist in Der kleinen Konditorei in Bad Bergzabern genau richtig. Die süßen Leckereien, die Thomas Wenig täglich frisch zubereitet, springen den Kunden beim Betreten des gemütlichen Cafés förmlich ins Auge. Denn die süßen Versuchungen präsentieren sich in einer liebevoll gestalteten Theke, die direkt am Eingang steht. 30 bis 40 verschiedene Sorten backt Konditor Thomas Wenig täglich in der benachbarten Backstube. „Am Wochenende sind es doppelt so viele", verrät Wenig, der auch verschiedene örtliche Betriebe mit seinen Kreationen beliefert. Egal ob Schwarzwälder-Kirschtorte oder Käsekuchen – bei dem umfangreichen Angebot fällt die Wahl nicht leicht. Je nach Saison werden auch Rhabarber-, Erdbeer-, Zwetschgen- oder Zwiebelkuchen angeboten. Die Zutaten bezieht Wenig bei regionalen Bauern. Kuchen und Torten für Feiern wie Hochzeiten, Taufe oder Geburtstage kreiert er nach den individuellen Wünschen der Kunden. Im Winter stellt er verschiedene Sorten Gebäck her. Während er allein der Herr in der Backstube ist, unterstützen ihn im Café fünf

Aushilfen und seine Frau Manuela. Auch der Sohn hilft am Wochenende manchmal mit. So hat es Thomas Wenig früher selbst getan, denn schon sein Vater war als Konditormeister tätig. „Von ihm habe ich die Liebe zu diesem Beruf geerbt", sagt Wenig, der sein Café im März 2013 eröffnet hat. Vom äußeren Schein sollte man sich nicht täuschen lassen, denn hinter der Fassade bietet das in beige und braun gehaltene Café mehr Platz, als man auf den ersten Blick vermutet. 50 Sitzplätze, von denen sich 20 im Wintergarten befinden, werden noch von einer großen Terrasse ergänzt. Dort ist Platz für bis zu 30 Gäste, die sich im Freien die hauseigenen Kreationen oder das Frühstück schmecken lassen können.

DIE KLEINE KONDITOREI
Thomas Wenig

Weinstraße 28
76887 Bad Bergzabern
Telefon 0 63 43 / 9 88 66 90

wenigkandel@web.de
www.thomaswenig.de

BACKWAREN OHNE ZUSATZSTOFFE

BÄCKEREI JORDAN
Klaus Jordan

Lessingstraße 23
76887 Bad Bergzabern
Telefon 0 63 43 / 83 72

info@baeckerei-jordan.de
www.baeckerei-jordan.de

Brot braucht Zeit, keine Zusatzstoffe. So lautet das Motto in der Bäckerei Jordan in Bad Bergzabern. Hier werden alle Backwaren ohne die Zugabe von Zusatzstoffen hergestellt. „Zusatzstoffe können Unverträglichkeiten und Allergien auslösen. Das kennen wir aus eigener Erfahrung", sagt Bäckermeister Klaus Jordan. Daher wird in der Bäckerei seit 25 Jahren darauf verzichtet. Auch Fertigmehle oder -produkte kommen in der Backstube nicht zum Einsatz. Stattdessen wird viel Zeit in die Vorbereitung und Pflege der (Vor-)Teige gelegt und ein eigener Roggenvollkorn-Natursauerteig gezüchtet. Großen Wert legt Familie Jordan auf die Qualität der Zutaten. Getreide und Eier stammen aus der Region. Zudem werden naturbelassenes Steinsalz, deutsche Markenbutter und hochwertige Öle, keine Margarine, verwendet. Die Verarbeitung natürlicher Rohstoffe ermöglicht sowohl eine sehr gute Qualität als auch die Umsetzung spezieller Kundenwünsche – gerade in Bezug auf Allergien. Egal ob kleine Häppchen für eine Feier oder

eine Hochzeitstorte benötigt werden, Familie Jordan erfüllt die Wünsche ihrer Kunden. Doch auch wer nichts Spezielles bestellt, wird in dem umfangreichen Sortiment an Backwaren fündig und kann diese gleich vor Ort im angrenzenden Café-Bereich genießen. Neben Brot, Brötchen und feinen Backwaren wird täglich mindestens eine Dinkelbrotspezialität angeboten. Ansonsten informiert ein Brot-Planer die Kunden darüber, an welchen Wochentagen welche Brote im Sortiment zu finden sind. Dieses umfasst auch einige ausgefallene Kreationen wie das Walnuss-Cranberry-Vollkornschrotbrot oder das Dinkelschrotbrot mit Feigen und Koriander. Die Tradition des Bäckerhandwerks geht in der Familie bis ins Jahr 1870 zurück. Mit Bäckermeister und Konditor Christian Jordan ist mittlerweile schon die sechste Generation ins Familiengeschäft eingestiegen.

ESSEN MIT BLICK AUFS WASSERRAD

Inmitten der Altstadt von Annweiler befindet sich das L'Antica Ruota. Familie Mirabile hat das Hotel-Restaurant im März 1997 eröffnet und bringt seitdem mediterranes Flair mitten in den Pfälzerwald. Warme Sandtöne, Holz und italienischer Marmor geben Hotel und Restaurant einen ganz besonderen Charme, der die Gäste sogleich fasziniert. Hier fühlt man sich auch dank der Gastfreundlichkeit der Eigentümer sofort wohl. Der absolute Hingucker ist das alte Wasserrad, das immer noch funktionsfähig ist und mitten im Restaurant alle Blicke auf sich zieht. Die Speisekarte hält eine Vielfalt an italienischen Spezialitäten wie selbstgemachte Pasta und leckere Nachspeise-Variationen bereit. Die Gäste können sogar bei der Zubereitung der Pizzen zuschauen. Diese wird anschließend ganz traditionell im Holzbackofen knusprig gebacken. Ein

edler Tropfen aus der umfangreichen Weinkarte rundet das Essen ab oder versüßt so manchen Abend. Die Vinoteca bietet nicht nur Erzeugnisse von Winzern aus der Region, sondern natürlich auch Weine aus Italien an. Das kompetente Team berät die Gäste gerne bei der Weinauswahl. Das Restaurant eignet sich nicht nur für romantische Abende bei Kerzenschein, sondern auch für größere Gesellschaften, die hier in aller Ruhe feiern können. Wer einen längeren Aufenthalt in der Pfalz plant, für den bieten die mit viel Liebe zum Detail ausgestatteten 16 Zimmer des Zwei-Sterne-Hotels einen angenehmen Rückzugsort. Hier können sich die Urlauber nach ausgiebigen Wanderungen, beispielsweise zu den umliegenden Burgen, in aller Ruhe erholen und Kraft für neue Erkundungstouren tanken. Für einen guten Start in den Tag sorgt das reichhaltige Frühstücksbuffet. Von der mediterran gestalteten Terrasse hat man einen traumhaften Blick auf die tolle Naturlandschaft und die Queich, die direkt unter dem eindrucksvollen Haus fließt.

L'ANTICA RUOTA –
ZUM ALTEN WASSERRAD
Franco Mirabile

Am Storchentor 8
76855 Annweiler
Telefon 0 63 46 / 9 33 44

mirabile.franco@web.de
www.zum-alten-wasserrad.de

EIN IDEALER DENK-
UND FEIER-RAUM

Die Geschichte des Kurhaus Trifels reicht weit zurück. 1911 wurde der prachtvolle Jugendstilbau als Erholungsheim für Ludwigshafener Beamte eröffnet. Während des Ersten Weltkrieges wurde er als Lazarett und nach dem Zweiten Weltkrieg als Krankenhaus der Stadt Annweiler genutzt. 2010 verkaufte das Land Rheinland-Pfalz das Haus an die Familie Hornbach, die das Gebäude renovierte und dabei auch die stilvollen Deckengemälde restaurieren ließ. Pünktlich zum 100. Geburtstag konnte die Wiedereröffnung des denkmalgeschützten Hauses als wissenschaftliches Begegnungszentrum gefeiert werden. Es stehen 21 Hotelzimmer sowie sechs Seminar- und Tagungsräume zur Verfügung, die mit moderner Präsentationstechnik und einem schnellen Internetzugang ausgestattet sind. Doch im Haus finden nicht nur Seminare und Tagungen statt. Das Kurhaus Trifels ist mit seiner Alleinlage am Rande des Pfälzer Waldes und inmitten einer

idyllischen Naturkulisse die ideale Location für Feste jeder Art. Den tollen Blick auf den Trifels haben schon manche Paare als Hintergrund für ihre Hochzeitsfotos ausgesucht. Auch private Gäste sind willkommen, die das Haus als Ausgangspunkt für Wanderungen im Pfälzerwald nutzen oder beim Barbecue einen schönen Sommerabend genießen können. Im Clubraum sorgen Billard, Tischkicker, Nostalgie-Flipper und eine Musikbox für Unterhaltung.

Die 15 Zimmer in der Villa Waldfrieden, dem Gästehaus zum Kurhaus Trifels, ergänzen das Bettenangebot. Die Villa war zu Beginn des 19. Jahrhunderts als Kurhotel und Café erbaut worden und in der damaligen Zeit ein Konkurrent des Kurhaus Trifels. Heute sind beide Häuser unter einer Leitung vereint. Die Villa Waldfrieden wurde im Jahr 2015 kernsaniert und bietet Zimmer auf gehobenem Niveau.

KURHAUS TRIFELS

Kurhausstraße 25
76855 Annweiler-Bindersbach
Telefon 0 63 46 / 30 88 60

info@kurhaus-trifels.de
www.kurhaus-trifels.de

DIE HAAREXPERTEN

Ein Friseurbesuch bietet immer auch eine kleine Auszeit vom Alltag. Daher wird im Salon von Martin Winter in Annweiler die Entspannung in einer familiären Atmosphäre bei Cappuccino oder Tee großgeschrieben. Immerhin handelt es sich auch um einen waschechten Familienbetrieb, der 1926 gegründet wurde. Diese Tradition führt das jüngste Familienmitglied Isabel fort, denn sie macht nach ihrem Abitur gerade eine Friseurlehre im elterlichen Betrieb. Zusätzlich absolviert sie noch eine Ausbildung zur Naturfriseurin und zum Make-up-Artist. Weiterbildung ist den Winters sehr wichtig. So lassen sich Martin und Isabel Winter in Österreich zum Haut- und Haarpraktiker ausbilden, um ihren Kunden ein noch umfangreicheres Serviceangebot bieten zu können. In diesem spielt die Verwendung ökologischer Produkte eine große Rolle. Egal ob ein energetischer Schnitt, eine neue Haarfarbe, eine schicke Hochsteckfrisur, eine Kopfmassage oder

ein Make-up, welches das Styling perfekt macht – die Kunden können auf die Fachkompetenz des Teams vertrauen. Denn auch die neun Mitarbeiter werden bei Seminaren von L'Oreal stets über die neuesten Trends und Entwicklungen informiert. Diese Erfahrungen fließen in die individuelle Kundenberatung ein, die in einer angenehmen Atmosphäre stattfindet. Die Waschliegen mit integrierter Shiatsu-Massage und das Plätschern des Aquariums laden zum Träumen ein. Wer mal kurz eine Raucherpause einlegen oder etwas frische Luft schnappen möchte, kann die große Terrasse nutzen und sich wie im Urlaub fühlen. Martin Winter, dessen Frau Carmen ebenfalls im Salon mitarbeitet, bietet zudem einen mobilen Service an. Möchte eine Braut zum Beispiel an ihrem großen Tag nicht in den Laden kommen, kommen die Friseure zu ihr. 2016 gibt es Grund zum Feiern: Das 90. Jubiläum soll, wie es sich in einer Familie gehört, ordentlich zelebriert werden.

M. WINTER – DER FRISEUR
Martin Winter

Quodgasse 8-10
76855 Annweiler
Telefon 0 63 46 / 21 70

info@friseur-martin-winter.de
www.friseur-martin-winter.de

ALTE MAUERN ERINNERN AN LÄNGST VERGANGENE TAGE: AN VIELEN ORTEN IN DER PFALZ WIRD GESCHICHTE LEBENDIG.

JEDER IST SCHÖN!

BEAUTÉ CONCEPT
Anna Höfert

www.beaute-concept.de

Mit einer Mischung aus edlem Vintage- und cleanem Institutstil hat Anna Höfert in ihrem Schönheitsinstitut Beauté Concept in der Südpfalz eine Atmosphäre geschaffen, die die Kunden sofort wohlig-warm empfängt. Egal ob in der Einzel- oder gemeinsam mit der Freundin oder dem Partner in der Twinkabine – in dieser entspannten Atmosphäre können sich die Kunden einfach mal fallen lassen und ganz auf das Expertenwissen der Kosmetikerin und Make-up-Artistin vertrauen. Anna Höferts Schwerpunkt liegt auf Gesichtsbehandlungen, aber sie bietet auch eine große Auswahl für alle Beauty-Bereiche an. Da sie zudem über eine Zusatzqualifikation im medizinischen Bereich verfügt, kann sie Kunden fundiert individuell beraten und hält auch für Problemhaut immer eine geeignete Lösung bereit. Gemeinsam mit den Kunden eine auf die jeweilige Haut abgestimmte Behandlung zu finden, ist Anna Höfert dabei besonders wichtig. Daher setzt sie die Wirkstoffe einer Creme stets individuell zusammen, um für ihre Kunden das bestmögliche

Ergebnis zu erzielen. Ihre hochwertigen Produkte bezieht Anna Höfert aus der ganzen Welt. Im Internet informiert sie sich stets über neue Entwicklungen. So ist sie stolz, eine neue Maske aus Australien anbieten zu können, die es sonst in der Region nirgends gibt. Eine weitere Neuheit ergänzt das Angebot: Beim Micro-Needling wird Hyaluron mittels eines sterilen Nadelaufsatzes in die vorgereinigte Haut gegeben. Wenn sie nicht in ihrem Beauté Concept anzutreffen ist, reist Anna Höfert um den Erdball, um bei Fotoshootings ihre Erfahrungen als Make-up-Artistin einzubringen. Natürlich steht dieses Wissen auch ihren Kunden in der Pfalz zur Verfügung. Wer kosmetische Beratung für eine Feier möchte, kann auf sie zählen. In ihrem Schönheitsinstitut profitieren die Kunden von speziellen Abo-Angeboten. Für Teenager gibt es vergünstigte Preise. Anna Höfert möchte jedem zu einem guten Hautgefühl verhelfen, denn: Jeder ist schön!

LECKERES AUS DER PFALZ

„Hollerbusch – Pfälzer Kostbarkeiten" setzt auf Gutes von regionalen Erzeugern. Von Aprikosenkernöl bis Zitronenthymiansirup führen Sabrina und Timo Keller in ihrem Hofladen ein vielfältiges Sortiment. Das Angebot umfasst mehr als 600 Produkte, von denen der Großteil aus der Region stammt. „Wir waren immer wieder überrascht, welch tolle Sachen es in unserer Region gibt", sagt Sabrina Keller. Die Waren müssen sie und ihren Mann qualitativ überzeugen. Dabei spielt neben dem regionalen Charakter der ökologische Gedanke eine wichtige Rolle. Direkt gegenüber dem Deutschen Schuhmuseum können Kunden nun Pesto, Senf, Essig, Speiseöl, Wurstspezialitäten und vieles mehr entdecken. Natürlich dürfen Pfälzer Weine ebenso wenig fehlen wie eine erlesene Auswahl an Pfälzer Keschde-Produkten (Edelkastanien). Sabrina Keller steuert auch selbst Erzeugnisse bei. Sie

stellt eigenen Sirup her, für den sie Zutaten aus dem eigenen Garten wie Holunder, Lavendel oder Zitronenmelisse verwendet. Um seinen Kunden mehr Abwechslung zu bieten, ist das Ehepaar zudem stets auf der Suche nach neuen Kostbarkeiten und Ideen. So haben sie mit dem „Pfälzer Keschde Sud", Wurst „nach Opas Art", einem „Keschde-Likör" oder den Teesorten „Pfälzer Kräuterhex" und „Pfälzer Früchtchen" mit Lieferanten bereits exklusive Produkte kreiert. Ergänzt wird die regionale Produktpalette von einem gut sortierten Biosortiment. Im Angebot, das auch online erhältlich ist, findet sich mit der „Genießerbox" zudem eine monatliche Überraschung für echte Genießer, die mit Köstlichkeiten aus dem Sortiment gefüllt wird. Auch auf der Suche nach dem passenden Geschenk wird man im Hollerbusch schnell fündig. Ob vorbestückte Körbe oder individuelle Kombinationen: Die Kellers stehen mit Rat und Tat zur Seite und verschicken Geschenke auch gerne an die gewünschte Adresse.

HOLLERBUSCH –
PFÄLZER KOSTBARKEITEN
Sabrina und Timo Keller GbR

Turnstraße 12
76846 Hauenstein
Telefon 0 63 92 / 58 72 68

info@hollerbusch-pfalz.de
www.hollerbusch-pfalz.de

KLETTERN IST LEIDENSCHAFT

FITZROCKS – KLETTERARENA
DER SÜDPFALZ

Albert-Einstein-Straße 6
76829 Landau
Telefon 0 63 41 / 9 94 90 50

info@fitzrocks.de
www.fitzrocks.de

FitzRocks, die Kletterarena der Südpfalz, ist der Treffpunkt für alle, die höher hinaus wollen. In einer der modernsten und größten Locations für den Klettersport finden Anfänger und Profis ideale Trainingsmöglichkeiten. Mit einer maximalen Kletterhöhe von 16 Metern wird sogar das internationale Wettkampfniveau übertroffen. Die 2 700 Quadratmeter große Fläche ist auf drei Indoor-Bereiche verteilt und bietet ein realitätsnahes Klettererlebnis. Die 160 Klettertouren wechseln ständig und konfrontieren die Besucher daher stets mit neuen spannenden Aufgaben. An speziellen Wandformationen fühlen sich die Kletterer fast wie in der freien Natur. Einen besonderen Stellenwert hat der Bouldersport, das freie Klettern ohne Seil in Absprunghöhe. Auf einer separaten Ebene können sich sowohl Einsteiger als auch Profis an den mehr als 100 Problemen

versuchen. Spektakulär ist der Boulderturm, der mit bis zu 45 und 60 Grad steilen Dachformationen für knifflige Herausforderungen sorgt. Einmalig sind die handproduzierten Griffe aus Pfälzer Sandstein. Sicherheit steht im FitzRocks an erster Stelle. Ein ausgebildetes und erfahrenes Team überprüft und schraubt nicht nur die Touren, sondern steht den Gästen ebenfalls mit Rat zur Seite. Auch Firmenevents sind im FitzRocks keine Seltenheit. Im Schulungs- und Seminarbereich ist Platz für bis zu 120 Personen. Die Event-, Seminar- und Schulungsräume verfügen über modernste Technik. Beamer, Internet mit WLAN, Ton und Musiktechnik sowie Flip-Charts und Leinwand sind selbstverständlich vorhanden. Nach einer langen Klettertour können sich die Gäste im Wellnessbereich entspannen oder bei einem kleinen Snack im Fitz Bistro das Treiben in der Halle beobachten.

EIN RESTAURANT MIT STIL

Antworten auf alle Genießerfragen bietet Fitz Vin Essen. Das Restaurant in Landau verzaubert mit einem trendigen Stil und einem modernen Ambiente. Liebevolle Details fallen dem Besucher sofort ins Auge. Eine ausgefallene Lichtarchitektur sorgt für eine stimmungsvolle Atmosphäre. Im Winter knistert das Kaminfeuer, im Sommer können die Gäste auf der großen Gartenterrasse entspannen und das leise Plätschern des Brunnens genießen. Die Küche folgt einem modernen Konzept. Aromareich und frisch zubereitetes Essen lautet hier die Devise. Im Fokus steht ein Fine-Dining-Konzept, das zum einen vollkommen, aber auch unkompliziert ist – mit überraschenden Akzenten und Highlights. Beispielsweise wenn internationale Küchenstile auf regionale Zutaten und ausgesuchte Pfälzer Weine treffen. Der Genuss gelingt rundum. Eine liebevoll ausgesuchte Weinkarte erfüllt im Fitz

Vin Essen eine Mission. Hier werden Gewächse mit Potenzial präsentiert und „Local Heroes aus der Pfalz" groß herausgebracht. Natürlich wird auch nicht mit internationalen Top-Winzern aus spannenden Anbaugebieten gegeizt. Im Fitz Vin Essen haben die Gäste die Qual der Wahl. Glas für Glas kann ganz entspannt in der separaten Wein-Lounge genossen werden. Entweder allein oder zu zweit oder ...! Am großen Probiertisch kann in einer gemütlichen Runde auch ausgelassen gefachsimpelt werden. Im Fitz Vin Essen fügen sich die einzelnen Bereiche zu einem runden Ganzen zusammen, das die Gäste mit seinem harmonischen Flair herzlich empfängt und den Aufenthalt zu einem Erlebnis macht.

FITZ VIN ESSEN

Albert-Einstein-Straße 6
76829 Landau
Telefon 0 63 41 / 9 94 90 56

info@fitz-vinessen.de
www.fitz-vinessen.de

KÖSTLICHER FLAMMKUCHENGENUSS

Hochwertige Flammkuchenböden zur Eigenbelegung sowie fertig belegte Premium-Flammkuchen bietet Tarte Gourmet. Der Flammkuchenservice, der seinen Sitz in Hauenstein hat, liefert dank eines besonderen Pressverfahrens eine optimale Qualität, die seit mehr als 25 Jahren von gastronomischen Betrieben und privaten Kunden geschätzt wird. Im Werksverkauf können sich die Kunden direkt vor Ort von der Vielfalt überzeugen und die Ware gleich mitnehmen. Die Erfolgsgrundlage für einen authentischen Flammkuchengenuss bilden dabei die Auswahl der hochwertigen Rohstoffe und das spezielle Herstellungsverfahren. Die Böden werden ausschließlich aus Mehl, Wasser, Rapsöl und Speisesalz hergestellt. Zudem sind sie nur halb vorgebacken und daher leicht weiterzuverarbeiten. Die hauchdünnen Böden backen kross auf, duften nach ofenfrischem Baguette, sind einzigartig im Biss und überzeugen mit einer optimalen Stabilität, die vielfältige Belagsvariationen ermöglicht. Die Kunden können aus einer umfangreichen Angebotspalette wählen, die unterschiedliche Größen und Formen bereithält. Neben der Stan-

dardvariante gibt es noch den herzhaften „Dinkel Flammkuchenboden Rustique" und den herzhaften „Flammkuchenboden Brauer Art", der mit Gerstenmalz und Roggenmehl hergestellt wird. Alle Spezialitäten sind sowohl auf die Anforderungen der professionellen Gastronomie als auch auf den Genuss zu Hause zugeschnitten. Die Böden werden als Frischware gekühlt und unter Schutzatmosphäre verpackt. Die fertig belegten Flammkuchen sind in Tiefkühlqualität erhältlich. Bei der Herstellung wird auf Treibmittel, Zusatzstoffe und Geschmacksverstärker verzichtet. Öfen und Zubehör wie Holzbretter und Schieber ergänzen das Sortiment. Somit bietet Tarte Gourmet alles aus einer Hand, was man für einen unvergesslichen Flammkuchengenuss braucht.

TARTE GOURMET FLAMM-KUCHEN SERVICE
Geschäftsführerin
Michaela Paulsen

Alte Bundesstraße 17-19
76846 Hauenstein
Telefon 0 63 92 / 92 32 70

info@tarte-gourmet.de
www.tarte-gourmet.de

WOHN(T)RÄUME

Das Zusammenspiel von internationalem Interior Design und leidenschaftlicher Handwerkskunst vermutet kaum jemand, wenn er durch das kleine Örtchen Hinterweidenthal fährt. Doch schon die Schaufenstergestaltung zeigt die individuelle Handschrift von „Textiles Wohnen Bruno Fischer". Der Meisterbetrieb besteht seit 1959 und wird in zweiter Generation geführt. Auf zwei Etagen gibt es ein umfangreiches Angebot an hochwertigen Einrichtungsstoffen, Teppichen, Lampen, Möbeln, Wohnaccessoires und Gartenmöbeln renommierter internationaler Hersteller zu entdecken. Unter anderem finden sich hier Marken wie Meridiani, Treca, Bielefelder Werkstätten, Casa Milano, Rubelli, Gervasoni, Christian Fischbacher, JAB, Nya Nordiska, Flos, Designers Guild, OT, Zimmer & Rohde, Manutti, Hermès, Nobilis, Catellani & Smith, Weishäupl, Loro-Piana, Dedar, Sahco, Lambert und Meissen. Kombiniert ergeben die

Produkte ein außergewöhnliches Wohnambiente. In der eigenen Werkstatt, in der Polsterei und Schneiderei vereint miteinander arbeiten, werden die individuellen Kundenwünsche in Perfektion realisiert. „Wir begleiten die Inneneinrichtungen bei Bauvorhaben des eigenen Zuhauses oder Feriendomizils und arbeiten zudem für Hotellerie, Gastronomie, Praxen und Kanzleien. Dabei haben wir stets das ganzheitliche Wohnkonzept im Blick, das wir auf höchstem Niveau vom kleinsten Accessoire bis zur kompletten Inneneinrichtung ausführen", sagt Bruno Fischer. Wer ein besonderes Geschenk mit Charme sucht, wird im umfangreichen Sortiment von „Textiles Wohnen Bruno Fischer" garantiert das Passende finden.

TEXTILES WOHNEN
BRUNO FISCHER
Bruno Fischer

Hauptstraße 56
66999 Hinterweidenthal
Telefon 0 63 96 / 3 23

info@textiles-wohnen-fischer.de
www.textiles-wohnen-fischer.de

DAS WANDERN IST NICHT NUR DES MÜLLERS LUST: IM PFÄLZERWALD LADEN
ZAHLREICHE ROUTEN ZU AUSGIEBIGEN ENTDECKUNGSTOUREN EIN.

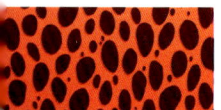

SÜSSE VERSUCHUNGEN

CAFÉ ZÜRN
Lena und Kathrin Zürn

Hauptstraße 83
66999 Hinterweidenthal
Telefon 0 63 96 / 2 34

info@cafezuern.de
www.cafezuern.de

Das gepflegte Fachwerkhaus fällt einem direkt ins Auge. Seit mehr als 100 Jahren steht darin der Name Zürn für klassische Backwaren und feinste Konditoreierzeugnisse auf höchster Qualität. Lena und Kathrin Zürn führen den kleinen Familienbetrieb nunmehr in vierter Generation. In der einsehbaren Backstube entstehen täglich frisch ein umfangreiches Kuchen- und Tortenangebot sowie rustikale Brot- und Brötchenspezialitäten, für die keinerlei Zusatzstoffe verwendet werden. Denn bei Zürns wird alles selbst hergestellt. Der Fokus liegt dabei auf Frische und Qualität, nur die besten Rohstoffe werden in der kleinen Produktion verwendet. Den Schwestern ist es wichtig, die Tradition mit der Moderne zu verbinden. Das gilt nicht nur für die 2011 renovierten Räumlichkeiten, sondern auch für alle angebotenen Leckereien. So werden die handgefertigten Pralinen und das Teegebäck nach alten Rezepten hergestellt und immer wieder saisonal angepasst. Ob erfrischende Sauerkirsch-Maracuja-Trüffel im Sommer, Kastanienkuchen im Herbst, traditionelle Lebkuchen, Christstollen und mehr als 20 Sorten Weihnachtsgebäck im Winter oder

handgegossene Schokohasen im Frühling – zu jeder Jahreszeit gibt es im Café Zürn süße kleine Versuchungen. „Wir legen Wert darauf, neben beliebten Klassikern wie zarten Hefekuchen auch außergewöhnliche Kreationen wie zum Beispiel luftige Crème Brûlée-Sahne oder cremige Haustorte anzubieten", erklärt Kathrin Zürn. Auch beim täglichen Frühstücksbuffet und den Tagesgerichten spürt man die Liebe zum Detail und den hohen Qualitätsstandard. Eine familiäre Atmosphäre spielt nicht nur im Team eine wichtige Rolle. „Die Gäste sollen sich im Café wohlfühlen und ihren Besuch bei uns mit allen Sinnen genießen", meint Lena Zürn. Daher nehmen sich die beiden Schwestern auch gerne mal Zeit für ein Gespräch mit den Gästen, getreu dem Motto des kleinen Cafés: „Zeit zum Genießen".

GENUSS TRIFFT GESCHICHTE

Genießer finden in der Südpfalz ein ganz besonderes Haus: Das von Weinbergen und Obstwiesen eingerahmte Hotel Schlössl in Oberotterbach präsentiert kulinarische Gaumengenüsse und lädt mit seinem stilvollen Ambiente zum Wohlfühlen ein. Das Schlössl wurde 1778 von einem Oberamtmann aus Straßburg als Amtshaus erbaut. Bei der sechs Jahre dauernden Sanierung und Restaurierung wurde darauf geachtet, dass das Gebäude wieder im Look des Spätbarocks erstrahlt. So wird im Schlössl mit viel Liebe zum Detail die Historie wieder lebendig. Die Gäste können hier nachvollziehen, wie die adligen Herrscher früher in der schönen Südpfalz residiert haben. Ein besonderer Blickfang ist die französische Tapete von Dufour aus Paris aus dem 19. Jahrhundert, die italienische Landschaften zeigt. Feudal schlemmen wie in der damaligen Zeit können die Besucher im mehrfach ausgezeichneten Gourmetrestaurant, das Platz für 40 Gäste bietet. Dort überrascht Küchenchef Christian Oberhofer mit einer facettenreichen und kreativen Speisekarte. Er setzt dabei auf die qualitativ besten Produkte aus der Region. Aus diesen zaubert er mit seinem Team aromatische Kreationen, die entweder im Menü

SCHLÖSSL GBR
Familie Düppre

Weinstraße 6
76889 Oberotterbach
Telefon 0 63 42 / 92 32 30

info@schloessl-suedpfalz.de
www.schloessl-suedpfalz.de

oder à la carte genossen werden können. Die Bistroküche bietet mittags deftige Gerichte an, die gerade nach einer Wanderung oder Radtour wieder für die nötige Energie sorgen. Bei schönem Wetter lädt die Gourmetterrasse zum Verweilen ein, denn diese bietet einen wunderbaren Blick in den Barockgarten. Auf der 250 Positionen umfassenden Weinkarte, die Erzeugnisse regionaler sowie internationaler Winzer bereithält, ist für jeden Geschmack etwas dabei. Räume für Tagungen sind ebenfalls vorhanden. Acht exklusive Zimmer bieten modernen Komfort in einer historischen Umgebung. Das Schlössl liefert die perfekte Hochzeits-Kulisse, denn hier ist es einfach märchenhaft.

DER HERR DER TORTEN

Süße Leckereien haben Alexander Rupp schon immer fasziniert. Daher fiel dem Saarländer auch die Berufswahl nicht schwer. Nach seiner Ausbildung zum Konditor machte er noch seinen Meister. Seit mehr als 20 Jahren verwöhnt er nun schon seine Kunden mit ausgefallenen und leckeren Torten, Kuchen oder Cupcakes. Berühmt ist er für seinen Käsekuchen, den er samstags von 8 bis 13 Uhr auf dem Wochenmarkt in Pirmasens verkauft. „Keine Ahnung, was ich anders mache, aber mein Käsekuchen ist schon sehr beliebt", sagt Rupp lachend. Der Saarländer vereint traditionelles Handwerk mit erlesenen Zutaten und einer gehörigen Portion Leidenschaft. Mit diesem Rezept zaubert er Leckereien, die nicht nur den Gaumen, sondern auch die Augen erfreuen. Eine Torte mit einem Froschkönig oder in Fußballform? Kein Problem für den Konditormeister,

der die Torten nach den Wünschen der Kunden individuell anfertigt. Egal ob man einer Kindergeburtstagsparty mit einer tollen Motivtorte oder einer Hochzeit mit einer mehrstöckigen Torte das Sahnehäubchen aufsetzen möchte, Rupp sorgt mit seinen Kreationen für wahre Glücksmomente. „Es ist vieles machbar, fast nichts unmöglich", sagt Rupp, der auch einen süßen Partyservice anbietet. Mit Pralinen, Cupcakes, Muffins oder kleinen Törtchen wird jede Feier oder Gartenparty zum absoluten Hit. Nach zwei Jahren in Pirmasens zieht es Rupp wieder in seine Heimat. Im Saarland eröffnet er ein kleines Café. Die Pfalz muss allerdings nicht auf seine Kreationen verzichten, denn dem Wochenmarkt in Pirmasens bleibt er treu. Auch Hotels und Cafés werden dort weiterhin mit seinen Torten und Kuchen versorgt. Und wer sichergehen möchte, dass er auf dem Wochenmarkt noch einen seiner legendären Käsekuchen bekommt, soll am besten „einfach anrufen und bestellen – das gilt auch für Torten für Feiern", rät Rupp, der die Bestellungen der Kunden natürlich auch in die Pfalz liefert.

ALEXANDERS PATISSERIE
Alexander Rupp

Telefon 01 73 / 6 64 12 61

alexanders-patisserie@web.de
www.alexanders-patisserie.de

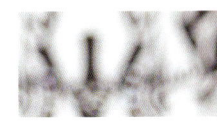

RUND.UM.GENUSS.

KunstGenuss, das Kreativ-Zentrum von Olaf Mäckler und Stefan Bischof in der Pirmasenser Fußgängerzone, vereint unter einem Dach ein Café, eine Galerie, einen Concept Store und Ateliers für kreative Menschen. Die Lounge bietet erlesene Kaffee-Kompositionen, ausgesuchte Tee-Spezialitäten und ein reichhaltiges Getränkeangebot. Vielfältige Frühstücksangebote mit ausgefallenen Konfitüren, ideenreiche kalte und warme Snacks, wie zum Beispiel Bagels, Sandwiches, Panini, Wraps oder Quiches sowie verführerische Patisserie-Variationen, darunter die einzigartigen Palatinatas oder englische Scones mit Clotted Cream, verlocken den ganzen Tag zu einer entspannten Rast auf den schicken Loungemöbeln, Sesseln und Couches. Auf den großzügigen Wandflächen werden ständig wechselnde Ausstellungen zeitgenössischer Künstler gezeigt, deren Werke auch zum Verkauf stehen. Die in modernem Industriedesign gestaltete Einrichtung erzeugt durch ihre absichtliche Unvollkommenheit eine gemütliche Atmosphäre. Der Concept Store ist eine lebendige Werkschau regionaler und überregionaler Kreativschaffender: Oberbekleidung, Schuhe, Taschen, Schmuck, Geschenkartikel, Möbel, Wohnaccessoires, Technik, Musik, Literatur, Fotografie oder auch kulinarische Genüsse. Hier finden sich Marmeladen, Relishes, Chutneys, Essige, Öle, Gewürze, Salze, Liköre, Brände und vieles mehr. KunstGenuss ist Treffpunkt für Käufer und Verkäufer, für Kunstliebhaber und Kunstschaffende, für Sammler und Individualisten, für Pfälzer und Touristen. Die Ateliers im Obergeschoss sind fast alle an Kreativschaffende vermietet. Die freien Räume stehen als

Besprechungszimmer zur Verfügung oder werden für Seminare und Workshops vermietet. Olaf Mäckler und Stefan Bischof laden aber auch selbst zu Veranstaltungen wie Lesungen, Kabarett, Musik oder Weinproben ein. Im KunstGenuss steht die Vielfalt des Genusses an erster Stelle.

KUNSTGENUSS
Olaf Mäckler &
Stefan Bischof GbR

Hauptstraße 8
66953 Pirmasens
Telefon 0 63 31 / 20 96 50

info@kunstgenuss.city
www.kunstgenuss.city

VON DER KONDITOREI ZUM HOTEL

HOTEL RESTAURANT KUNZ
Eric Kunz

Bottenbacher Straße 74
66954 Pirmasens
Telefon 0 63 31 / 87 50

info@hotel-kunz.de
www.hotel-kunz.de

Das Hotel Restaurant Kunz verbindet Tradition und Moderne. In den letzten 60 Jahren hat sich das Familienhotel stark entwickelt und es trotzdem geschafft, den Geist der Tradition, den die Gäste so schätzen, zu bewahren. Persönliche Betreuung ist Cordula und Eric Kunz, die das Hotel 2009 von Luitgard und Joachim Kunz übernommen haben und nun in der dritten Generation leiten, sowie ihren 65 Mitarbeitern dabei besonders wichtig. Gegründet 1950 als Konditorei, ist das Unternehmen langsam gewachsen. Mittlerweile können die Gäste in den 56 Zimmern und Suiten einfach mal abschalten und das wohlige Ambiente sowie den Komfort eines 4-Sterne-plus-Hotels genießen. Im Restaurant werden aus regionalen Produkten leckere Kreationen angeboten, die den Gaumen verwöhnen und auch auf der großen Terrasse genossen werden können. Der Weinkeller hält mit 500 regionalen und internationalen Weinen zu jedem Gericht die passende Ergänzung bereit. Ein ausgebildeter Sommelier steht den Gästen beratend zur Seite und bietet auch Weinproben an. In Emils Bar, die nach dem Gründer benannt ist, fällt die Wahl ebenfalls nicht leicht. Immerhin gibt es hier 160 Whiskeys, 40 Sorten Gin und Rum sowie 60 verschiedene Cocktails. Entspannung finden die Gäste im 350 Quadratmeter großen Wellness- und Spa-Bereich, der auch von Tagesgästen genutzt werden kann. Für Tagungen und Seminare hält das Hotel genauso die passenden Räumlichkeiten bereit wie für private Feiern und Hochzeiten. Diese können nicht nur im Hotel, sondern auch im Forum Alte Post ausgerichtet werden, das Familie Kunz exklusiv bewirtschaften darf. Spezielle Kuschel-, Wellness- oder Verwöhn-Wochenendangebote bieten die Möglichkeit einer kleinen Auszeit vom oft stressigen Alltag. Die Familientradition wird fortgeführt: Mit Tochter Catharina, die Hotelmanagement studiert, steht bereits die vierte Generation in den Startlöchern.

MALERISCHE FASSADEN: FACHWERKHÄUSER SIND IN VIELEN PFÄLZER ORTSCHAFTEN ZU FINDEN.

INDIVIDUELLE WOHNWELTEN

Das Konzept des 2011 eröffneten Landhauses Lösch für Freunde in der Südwestpfalz ist an die Idee des „Table d'hôte" im benachbarten Frankreich angelehnt. Die 15 individuell gestalteten Wohnwelten, die zwischen 31 und 85-Quadratmeter groß sind, tragen klangvolle Namen wie Kunstsinn, Traumfabrik, Land und Meer oder Großmamas Stube. Die Einrichtung ist dabei auf das jeweilige Thema abgestimmt. Egal ob man gerne zwischen Regalen voller Bücher schläft, Filmklassiker gerne vom Bett aus anschaut oder abends noch Autos über die Rennbahn flitzen lassen möchte – hier findet jeder Gast sein ganz eigenes Wohnreich. Den Gästen steht zudem das gesamte Haus zur Verfügung. Wie wäre es mit einem Gläschen Wein in der schicken Lounge, einem netten Plausch mit den anderen Hausbewohnern am Kamin im Wohnzimmer oder einer kulinarischen Fachsimpelei am Herd der offenen Küche? Jeder darf hier auch gerne selbst zum Kochlöffel greifen. Für gesellige Momente in einer ungezwungenen Atmosphäre sorgt das

gemeinsame Essen an der langen Tafel – so wie es in Frankreich Tradition ist. Ein persönlicher Service ist den Gastgebern Olivier Fabing und Carmen Lang besonders wichtig. Daher wird jeder Gast von ihnen persönlich empfangen. Erholung bietet die Sauna-Oase auf dem Dach. Hier finden sich Dampfbad, ein Ruhebereich, ein Whirlpool sowie eine große Terrasse, von der die Gäste einen einmaligen Panoramablick auf die malerische Landschaft der Südwestpfalz und das benachbarte Kloster Hornbach haben. Architektonisch ist das Landhaus ein absoluter Blickfang. Es vereint das ehemalige Wohngebäude der Familie Lösch mit einem historischen Haus aus dem 18. Jahrhundert, das denkmalgerecht renoviert wurde. Ein moderner Mittelbau dient als Verbindung. Gruppen bis 30 Personen können das Landhaus mieten und hier ihre Feiern oder Tagungen ungestört ausrichten.

LÖSCH FÜR FREUNDE
Christiane und Edelbert Lösch

Hauptstraße 19-21
66500 Hornbach
Telefon 0 63 38 / 91 01 02 00

info@loesch-fuer-freunde.de
www.loesch-fuer-freunde.de

SCHLAFEN HINTER KLOSTERMAUERN

KLOSTER HORNBACH
Christiane und Edelbert Lösch

Im Klosterbezirk
66500 Hornbach
Telefon 0 63 38 / 9 10 100

info@kloster-hornbach.de
www.kloster-hornbach.de

Jahrelang fristete das ehemalige Benediktinerkloster Hornbach ein Dasein als Ruine. Bis die Aufnahme ins Städtebauförderungsprogramm des Bundeslandes Rheinland-Pfalz den Umbau zum Hotel ermöglichte, das im März 2000 eröffnet wurde. Für Gäste stehen 33 Zimmer und Suiten, darunter eine Hochzeitssuite, sowie eine Pilger- und Klosterzelle, bereit. Alle am Bau Beteiligten achteten auf einen schonenden Umgang mit den historischen Überresten. So fügen sich alte und neue Bauelemente harmonisch zusammen. Die Besitzer Christiane und Edelbert Lösch verfolgten ein schlichtes und natürliches Konzept, das den Klostergedanken in den Mittelpunkt rückte. Hinter geschichtsträchtigen Mauern finden die Gäste, wie einst die Mönche, Ruhe und Erholung. Die klösterliche Einfachheit wird geschickt mit gehobenem Hotelkomfort kombiniert. Zugang zum Haus gewährt das neu geschaffene Foyer, das mit seinem modernen Design aus Stahl und Glas den Blick auf historische Funde und die gotischen Kreuzgangbögen freigibt. Im eleganten Restaurant „Refugium" verwöhnt das Küchenteam unter Leitung von Martin Opitz mit qualitativ hochwertigen Speisen aus der modernen deutschen Küche. Die Klosterschänke gleicht einer gemütlichen Wirtschaft und ist Treffpunkt für Hotelgäste und Hornbacher Bürger. Bei schönem Wetter ist der Biergarten geöffnet. Ein Hauptaugenmerk des Hotels liegt auf Tagungen und Veranstaltungen. Ebenso sind die Räume für private Feiern gedacht, da sie mit einer Größe von bis zu 125 Quadratmetern individuell nutzbar sind. Im ehemaligen Schulhaus befindet sich ein Bade- und Saunabereich, der erholsame Stunden garantiert. Das Klostermuseum zeigt eine Ausstellung über die Bedeutung der Bau- und Kunstgeschichte. Der große Garten, den Hieronymus Bock bereits im 16. Jahrhundert angelegt hat, ist für alle zugänglich. Noch heute wachsen hier Kräuter und Heilpflanzen.

ACETATBRILLEN IN PERFEKTION

Brillenfassungen, handgefertigt in Deutschland, in der Südwestpfalz. Augenoptiker Gerhard Bernhard startete seine Produktion 2004. Seit sechs Jahren hat er seinen Firmensitz in einem historischen Fabrikgebäude in Waldfischbach-Burgalben. Dort können die Kunden nicht nur aus einem umfangreichen Sortiment wählen, sondern auch einen Blick in die Produktionsräume werfen, in denen die modische und hauseigene „Frames&Cotton"-Kollektion entsteht. Gerhard Bernhard entwirft hier die Modelle, die er gemeinsam mit seinen 15 Mitarbeitern dann Realität werden lässt. Der Kreativität sind dabei keine Grenzen gesetzt. Das zeigt schon ein Blick ins Materiallager, in dem die Celluloseacetatplatten nach Farben sortiert darauf warten, in den Maschinen ihre Brillenform zu erhalten. Dieses besondere Material wird aus Baumwolle gewonnen. Die hochwertigen Gläser kommen von einem deutschen Unternehmen. „Brillen sind heutzutage zu einem festen Modebestandteil geworden. Sie sollen ihrem Träger Spaß bereiten und Lebensfreude bringen", erzählt Gerhard Bernhard, der das Grundmaterial manchmal

noch mit Baumwollstoffen verbindet. Somit schafft er mit unterschiedlichen Motiven ganz neue Muster und Farbverläufe, die sowohl am Bügel als auch am Mittelteil modische Akzente setzen und die Brille einzigartig machen. Großen Wert legt der Fachmann auf eine umfassende und individuelle Beratung. Dafür nimmt er sich auch gerne viel Zeit, erklärt die einzelnen Produktionsschritte oder lässt die Kunden dabei zusehen, wie die Gläser für das ausgesuchte Modell in Form geschliffen werden. Auch Sehtests sind direkt vor Ort möglich. Etwa 2 500 Fassungen werden in der Brillenfabrik monatlich produziert. Von der hervorragenden Qualität der Brillen aus der Südwestpfalz sind bereits viele Kunden überzeugt – und es werden täglich mehr.

DIE BRILLENFABRIK
Gerhard Bernhard

Hauptstraße 1
67714 Waldfischbach-Burgalben
Telefon 0 63 33 / 9 93 57 63

brillenfabrik@web.de
www.frames-cotton.de

IM EINKLANG MIT DER NATUR

LANDHOTEL WEIHERMÜHLE
Inhaber Sebastian Cronauer

Weihermühle 1
66919 Herschberg
Telefon 0 63 34 / 55 84

info@landhotel-weihermuehle.de
www.landhotel-weihermuehle.de

Das Landhotel Weihermühle in Herschberg verzaubert allein schon mit seiner Lage inmitten einer idyllischen Naturkulisse. Der Ort strahlt eine Ruhe aus, die sich sofort auf die Besucher überträgt und einen entspannten Aufenthalt verspricht. Dafür sorgen auch Inhaber Sebastian Cronauer und sein Team, das mit einem Altersdurchschnitt von 30 Jahren zwar sehr jung, aber dennoch reich an Erfahrung ist. Cronauer war es bei dem Umbau des Anwesens, das seit etwa 30 Jahren im Familienbesitz ist, wichtig, die Natur auch in die 20 Hotelzimmer zu holen. Diese sind aufgeteilt auf das Haupthaus und die neu gebaute Kornkammer und überzeugen mit einer authentischen Einfachheit im Landhausstil. Helles Holz und Naturfarben werden mit modernen, großen Fensterfronten, die den Blick auf den Pfälzerwald und die Buntsandstein-Felsformationen gewähren, kombiniert. Damit wird ein einzigartiges Ambiente zum Wohlfühlen

erzeugt. Auf der großen Terrasse können die Gäste dem Plätschern des Flusses lauschen und den Blick durch die Natur schweifen lassen. Das Restaurant verwöhnt mit kulinarischen Leckereien der Pfälzer Küche wie auch der Haute Cuisine. Regionale und saisonale Produkte stehen dabei im Mittelpunkt. Neben dem Restaurant steht noch der Veranstaltungsraum „Pfalzgraf" für private Veranstaltungen oder Tagungen zur Verfügung. Egal ob Geburtstage oder Hochzeiten – jede Feier wird individuell nach den Wünschen der Kunden ausgerichtet. Wanderfreunde finden passende Wege direkt vor der Haustür, und der bekannte Mountainbikepark Pfälzerwald bietet ein abwechslungsreiches Streckennetz. Golfer profitieren von Kooperationen mit umliegenden Golfclubs. Sonntags kann beim Ponyreiten die Gegend erkundet werden und spätestens dann werden die Gäste feststellen, dass sie im Landhotel Weihermühle völlig im Einklang mit der Natur sind.

SO WEIT DAS AUGE REICHT: DIE KALMIT GEWÄHRT EINEN TOLLEN BLICK IN DIE RHEINEBENE.

EINE SZENE AUS „PALZ GOES PARADISE" – ZU SEHEN IM CHAWWERUSCH-THEATER.

VORHANG AUF! MUSIK AB!
ABWECHSLUNGSREICHE UNTERHALTUNG

In der Südpfalz ist ein professionelles Theaterensemble beheimatet, das sowohl eigene Stücke entwickelt als auch Klassiker von Goethe bis Shakespeare in eigener Bearbeitung auf die Bühne bringt. Chawwerusch nennt sich dieses Theater. Der Name geht auf das Wort „Chawer" zurück, das in der Geheimsprache Rotwelsch, die früher das fahrende Volk benutzte, Bande bedeutet. Das pfälzische Wort „Kafruse" verfügt über den gleichen Wortstamm, wird aber genutzt, um rotzfreche Kinder zu betiteln. Somit kann das Ensemble als „rotzfreche Theaterbande" bezeichnet werden, die sich 1984 gegründet hat. Seitdem wurden fast 100 Stücke auf die Bühne gebracht. Ein Großteil der Inszenierungen kommt in der eigenen Spielstätte zur Aufführung, dem Theatersaal in Herxheim. Hier werden für die Zuschauer Geschichten und Geschichte erlebbar gemacht. Bei einigen Produktionen wird nach langer Recherche mit Zeitzeugen und in Archiven die regionale Vergangenheit wieder lebendig, zum Beispiel bei „Landauer Leben – ein Theaterweg durch die Jüdisch-Landauer Geschichte".

Bei der Entwicklung neuer Stücke – pro Jahr werden dem Repertoire zwei bis fünf neue Produktionen hinzugefügt – achten die erfahrenen Theaterprofis darauf, dass die neuen Werke auch gut an anderen Spielorten aufgeführt werden können. Dabei wird stets das Motto „Komisch, tragisch, herzlich" beachtet, denn die Schauspieler möchten nah an den Menschen und ihren Erlebnissen bleiben. Sie wollen Lachen, Nachdenken und – mit einem Augenzwinkern – Irritation erzeugen. Bekannt ist das Ensemble auch für seine Inszenierungen in Mundart. Bei den Texten wird munter mit Dialekten und Sprachformen gespielt, wobei sich Chawwerusch nicht als heimatpflegeri-

Chawwerusch-Theater: eine Szene aus dem Freilichtstück „Grimm und Gretel".

sches Mundarttheater begreift. Da auch Musik ein wesentlicher Bestandteil aller Stücke ist, teilweise extra dafür komponiert wird, hat das Chawwerusch-Theater im Laufe der Jahre eine eigene Handschrift erarbeitet, die in der ganzen Region begeistert. Seit 2014 gibt es mit der „Expedition Chawwerusch" eine neue Sparte am Theater, die sich in erster Linie an junge Zuschauer richtet.

Mit ihrer ganz speziellen Art haben sich ebenfalls die „Anonyme Giddarischde" eine große Fangemeinde erspielt. Die Frankenthaler Band sorgt bei zahlreichen Festen für ordentlich Stimmung – und das mit Liedgut, das den Pfälzer Dialekt würdigt. Inhaltlich dreht sich alles hauptsächlich um das Leben in der Pfalz. Regionale Spezialitäten werden im Kultlied „Lewwerworscht" gewürdigt. Richtig heimatverbunden zeigt sich das Quintett im „Palzlied". Hier besingen die Bandmitglieder die Schönheit ihrer Heimat und geben damit gleichzeitig auch ein paar Tipps für Ausflüge: „Warscht Du ämol uff de Kalmit odder uff de Dahner Heh" – musikalische Werbung, die Lust macht, die Pfalz zu erkunden.

Singen in ihrer Muttersprache Pfälzisch über das Leben in dieser wundervollen Region: die Anonyme Giddarischde.

AUF ZEITREISE
GESCHICHTE DER SCHUHPRODUKTION

Bitte einsteigen: Geschichte trifft auf Spielspaß.

Im Deutschen Schuhmuseum wird anschaulich
die Geschichte der Schuhe verdeutlicht.

Im Deutschen Schuhmuseum in Hauenstein wird Schuhgeschichte lebendig. Geschickt verknüpft das Museum Vergangenes mit Gegenwärtigem und bietet nicht nur Schuhliebhabern einen interessanten Einblick in die Tradition der Schuhkultur – und das an einem authentischen Ort. Eine alte Schuhfabrik befand sich an der Stelle, an der heute das Museum in einer abwechslungsreichen Inszenierung die vielfältige Schuhkultur der Epochen, Zeiten und Kontinente darstellt. Nachdem die Besucher am Eingang schon den

größten Schuh der Welt bestaunen konnten, können sie auf 3 000 Quadratmetern, die sich auf vier Ebenen verteilen, die Entwicklung der Schuhindustrie verfolgen. Die ehemalige Manufaktur lässt dabei mit ihren alten Maschinen der 1920er- und 1930er-Jahre eine authentische Atmosphäre entstehen, die es leicht macht, in die Geschichte abzutauchen. Diese macht auch Station im benachbarten Pirmasens, das eigentlich als die deutsche Schuhstadt schlechthin gilt. Dort wurde 1838 mit der Marke „Peter Kaiser" die erste deutsche Schuhfabrik überhaupt gegründet. Dies zog eine Gründerwelle nach sich, die sich auch auf Hauenstein auswirkte. Hier gründeten die Brüder Carl-August und Anton Seibel 1886 die erste Hauensteiner Schuhfabrik, viele weitere kleine Firmen folgten. Somit wurde Hauensteim mit seinen 4 500 Einwohnern zum größten deutschen Schuhdorf. Diese Entwicklung wird im Museum anschaulich mit der Zeit- und Sozialgeschichte verbunden. Dadurch werden technische und historische Zusammenhänge hergestellt, die ein umfassendes Bild ermöglichen. 3 500 Paar Schuhe aus zwei Jahrtausenden hat allein die Ernst-Tillmann-Sammlung zu bieten, die damit die größte private Schuhsammlung Europas darstellt. In der oberen Etage wird im Pfälzischen Sportmuseum die Entstehung und Entwicklung des Turnens und des Sports in der Pfalz seit dem ausgehenden 18. Jahrhundert nachgezeichnet.

Die Geschichte eines Bereichs, der ganz zentral mit der Pfalz verbunden ist, wird im Historischen Museum der Pfalz in Speyer thematisiert: der Wein. Hier befindet sich einer der wohl größten weinkulturellen Schätze Deutschlands. Der älteste flüssige Wein der Welt ist in einer grünlich-gelben Glasflasche mit zwei Henkeln in Delfinform aus dem Jahr 325 nach Christus enthalten. Dieses Gefäß wurde 1867 bei Ausgrabungen in einem Steinsarkophag entdeckt. Im „Weinmuseum wird zudem mit zahlreichen weiteren Exponaten, unter anderem Weinpressen und Prunk-Weinfässern, die 2 000 Jahre lange Geschichte des Weinbaus dokumentiert.

Das Historische Museum der Pfalz in Speyer bringt Licht ins Dunkel der Pfälzer Geschichte und überrascht immer wieder mit Sonderausstellungen zu interessanten Themen.

KULTUR IN HISTORISCHEN MAUERN
EINZIGARTIGE ORTE FÜR THEATER UND CO.

Kultur in Klostermauern – das bietet der Limburg Sommer.

Schauspielaufführungen, Konzerte oder Lesungen müssen nicht immer auf der Bühne im Theater oder in Zelten auf Weinfesten stattfinden. Nein! In der Pfalz sind zahlreiche historische Gebäude zu finden, deren Geschichte allein schon fasziniert. Als Kulisse für kulturelle Veranstaltungen sind diese allerdings auch meist bestens geeignet. Das hat zum Beispiel auch die Stadt Bad Dürkheim erkannt. Diese hat der Limburg sogar eine eigene Reihe gewidmet. Beim Limburg Sommer erleben jährlich Tausende Besucher hochwertige Veranstaltungen unter freiem Himmel. Die Klosterruine stammt aus dem Mittelalter. Das besondere Ambiente, das der romanische Stil erzeugt, ist auch bei Brautpaaren sehr beliebt. Die Termine für Trauungen, die das Standesamt in der Krypta durchführt, sind heiß begehrt. Immerhin verleihen die historischen Mauern der Hochzeit eine ganz besondere Atmosphäre.

Diese gibt auch Kulturveranstaltungen eine spezielle Note, die viele Besucher jedes Jahr aufs Neue zur Limburg lockt. Umringt von den historischen Mauern, wird jede Aufführung oder jedes Konzert zu einem absoluten Erlebnis, das die Zuschauer verzaubert. Das Programm des Limburg Sommers bietet dabei für alle Geschmäcker etwas. Von Oper über Konzerte des Palatia Jazz Festivals bis zu Kabarett oder Figurentheater – die Besucher können sich über Abwechslung freuen. So präsentiert der Dürkheimer Lokalmatador Christian „Chako" Habekost hier regelmäßig seine Kabarett-Programme. Auch die deutsche Popband Glasperlenspiel war hier bereits zu Gast. Gedanken über die Anreise muss sich auch niemand machen. Da unterhalb der Limburg nur begrenzt Parkplätze zur Verfügung stehen, bringt ein kostenloser Shuttlebus-Service die Besucher vom Wurstmarktparkplatz zur Spielstätte und wieder zurück.

Hinter historischen Mauern ist das vielleicht kleinste Theater der Welt zu Hause. Das „Theader" hat seine Bühne in der mittelalterlichen Stadtmauer in Freinsheim eingerichtet. 21 Zuschauer haben in dem beschaulichen Raum im Obergeschoss des Turms Platz. Schauspielerin Anja Kleinhans leitet den professionellen Theaterbetrieb und steht in den Stücken meist auch selbst auf der Bühne. Dabei bietet sie von unterhaltsamen bis anspruchsvollen Inszenierungen eine breite Palette für Erwachsene und Kinder. Im Sommer liefert der beeindruckende Casinoturm die Kulisse für die Aufführungen, die dann auf der Wiese davor stattfinden. Da dieses einzigartige Ambiente viele Besucher anlockt, müssen die Karten vorab reserviert werden.

Das wohl kleinste Theater der Welt steht in Freinsheim. Im Casinoturm ist das „Theader" zu finden, in dem maximal 21 Zuschauer Platz haben.

DIE KLOSTERRUINE LIMBURG IST BEI VIELEN HOCHZEITSPAAREN BELIEBT.
IN DER KRYPTA FINDEN AUCH STANDESAMTLICHE HOCHZEITEN STATT.

KUNSTWERKE FÜR JEDES ZIMMER

Das Art Hotel Lauterbach wechselt viermal im Jahr sein Aussehen – dafür sorgen wechselnde Ausstellungen. Die Idee, ihr Drei-Sterne-Hotel zu einem Ort für die Kunst zu machen, kam Sybille Lauterbach, als sie 2009 mit dem Umbau begann. Inspiration lieferte ihr die Nähe zum Pfalztheater, dessen Tiefgarage die Gäste zu einem speziellen Tarif nutzen können. „Schon früher haben viele Künstler und Schauspieler bei uns im Hotel übernachtet." Ihre Eltern übernahmen 1971 das in der Innenstadt von Kaiserslautern gelegene Hotel, das bis zur Neuausrichtung Pfälzer Hof hieß. Die ehemals rustikale Einrichtung ist einem schicken Erscheinungsbild gewichen. „Wir wollten ein schönes, modernes, funktionales Businesshotel", erklärt die Hotelbetriebswirtin. Eine familiäre Atmosphäre war ihr aber dennoch sehr wichtig und so wundert es nicht, dass Mutter Hildegard Junk als Hausdame weiterhin im Hotelbetrieb mithilft. Ihr Mann Mathias, ebenfalls Hotelbetriebswirt, kümmert sich morgens um das Wohl

der Gäste. Die energetische Sanierung des Hauses ist einem „grünen Faden" gefolgt. Diese Farbe spiegelt sich in Kleinigkeiten wie Kissen, Stühlen oder Tischläufern. Die 22 Zimmer und eine Suite sind mit Nussbaumparkett ausgestattet. WLan steht den Gästen sowohl im Zimmer als auch in der Lobby zur Verfügung. Ein Konferenzraum bietet Platz für bis zu zwölf Personen. Das Frühstück kann bei schönem Wetter auch im großen Innenhof genossen werden – übrigens auch von Nicht-Hotelgästen. Viermal jährlich können sich die 15 Mitarbeiter und ihre Gäste über wechselnde Ausstellungen freuen. Von abstrakten Werken bis hin zu naturnachempfundenen Motiven oder Schwarz-Weiß-Fotografien – die Kunstwerke geben dem Frühstücksraum immer ein anderes Gesicht. Nach jeder Ausstellung erwirbt Sybille Lauterbach ein Gemälde, das dann einem Zimmer einen individuellen Charakter verleihen darf.

ART HOTEL LAUTERBACH
Sybille Lauterbach

Fruchthallstraße 15
67655 Kaiserslautern
Telefon 06 31 / 36 24 00

info@art-hotel-kl.de
www.art-hotel-kl.de

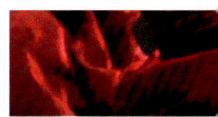

KULTURELLER LEUCHTTURM IN DER REGION

Das Pfalztheater Kaiserslautern blickt auf eine Tradition von über 150 Jahren zurück. Im Sommer 1862 wurde das von Andreas Müller, dem sogenannten „Spittelmüller", erbaute Theater eröffnet. Die Stadt Kaiserslautern hatte damit erstmals ein „stehendes" Theater mit regelmäßigem Programmangebot. 25 Jahre später, im September 1887, folgte die Gründung des „Stadtorchesters", mit dem zum ersten Mal im Lauterer Musikleben ein Klangkörper aus Berufsmusikern sowohl für Opern- und Operettenaufführungen des Theaters als auch für Konzerte zur Verfügung stand.

Heute ist das Pfalztheater eine Institution mit 330 Mitarbeitern auf und hinter der Bühne. An die 500 Mal öffnet sich in der Spielzeit der Vorhang für Aufführungen im Großen Haus und auf der Werkstattbühne des Pfalztheaters, bei großen und kleinen Gastspielen in der Pfalz und weit darüber hinaus sowie bei zahlreichen mobilen Vorstellungen in Schulen der Region. Der Spiel-

plan des Pfalztheaters umfasst Angebote in den Bereichen Musiktheater (mit Aufführungen in Oper, Operette und Musical), Tanz, Schauspiel und Konzert. Rund 130.000 Zuschauer pro Spielzeit besuchen die Aufführungen des Pfalztheaters in Kaiserslautern und an den Gastspielorten.

Seit 2012 leitet der Schweizer Urs Häberli als Intendant die Geschicke des Pfalztheaters. Ihm zur Seite in der Theaterleitung stehen Uwe Sandner als Generalmusikdirektor, Harald Demmer als Schauspieldirektor, James Sutherland als Direktor der Sparte Tanz sowie Stefanie Niedermeier als Kaufmännische Direktorin.

Ein zentrales Anliegen des Pfalztheaters ist es, mit einem breiten Angebot Kinder und Jugendliche zu erreichen – sei es über mobile Stücke in den Schulen, sei es über vielfältige theaterpädagogische Programme, sei es über die günstigen Kinder- und Jugendabonnements.

PFALZTHEATER
KAISERSLAUTERN

Willy-Brandt-Platz 4+5
67657 Kaiserslautern
Telefon 06 31 / 3 67 52 09

www.pfalztheater.de

WASSER, WALD UND STILLE

Eine Auszeit vom hektischen Alltag bietet „der Blechhammer", wie die Kaiserslauterer liebevoll das Hotel und Restaurant Blechhammer nennen, das inmitten eines malerischen Naturidylls am Hammerweiher liegt. Das historische Gebäude aus dem Jahr 1740 diente schon um die Wende vom 19. zum 20. Jahrhundert als Luftkurort. Auch heute finden Gäste zwischen den beiden Seen und inmitten einer wunderbaren Waldkulisse Ruhe und Stille. Vom Stadttrubel ist man dennoch nur einen Katzensprung entfernt. „Mit dem Fahrrad erreicht man das Stadtzentrum Kaiserslauterns in fünf Minuten", sagt Frau Arminda Machado Stahlschmitt, die sich um die Planung und Veranstaltung von Gesellschaften kümmert. Die 30 Zimmer bieten einmalige Ausblicke auf die herrliche Naturkulisse. Das Restaurant, das mit seiner gehobenen rustikalen Einrichtung und dem gemütlichen Kachelofen eine wohlige Atmosphäre versprüht, hat Platz für 100 bis 120 Gäste. Für die Zubereitung der Speisen, die in der Tradition der guten Pfälzer Küche erfolgt, werden regionale Produkte benutzt. Der Raum kann auch für Veranstaltungen gemietet und auf die entsprechende Gruppengröße zurechtgeschnitten

werden. Dafür sorgen Trennwände, die das Restaurant in drei separate Einheiten aufteilen. Von der großzügigen Sonnenterrasse haben die Gäste einen tollen Blick auf den See. Die „Whisky Stubb", die als Hotelbar genutzt wird, führt mehr als 20 erlesene Whiskysorten. Auch dort können Feiern mit maximal 50 Personen ausgerichtet werden. Erwähnenswert ist das gemütliche Grillzimmer mit einem Grilltisch zum „selber" Grillen in geselliger Runde. Firmen finden in drei Tagungsräumen die nötige Technik, um Seminare und Tagungen abzuhalten. Schon einige Berühmtheiten wie Senta Berger, Uwe Ochsenknecht oder Fürst Albert von Monaco haben sich von der besonderen Lage inmitten einer wunderbaren Naturlandschaft überzeugt.

BLECHHAMMER
HOTEL UND RESTAURANT

Am Hammerweiher 1
67659 Kaiserslautern
Telefon 06 31 / 4 14 73 50

info@blechhammer-kl.de
www.blechhammer-kl.de

LEBEN, WOHNEN & GENIESSEN

IM HISTORISCHEN STADTKERN VON ANNWEILER LÄSST ES SICH, UMRINGT VON FACHWERKHÄUSERN, DURCH DAS GERBERVIERTEL SCHLENDERN, IN DEM ES AUCH DIE STADTMÜHLE ZU ENTDECKEN GIBT.

AUSSERORDENTLICHE IDEEN

GERHARD PAULY
GOLDSCHMIEDE UND
EDELSTEINGRAVUREN

Amtsgasse 15
55590 Meisenheim
Telefon 0 67 53 / 96 48 88

info@pauly-art.de
www.pauly-art.de

Astrid und Gerhard Pauly, ihrerseits Goldschmiedemeisterin und Restauratorin im Gold- und Silberschmiedehandwerk sowie Diplomdesigner und Graveur, haben sich einen Lebenstraum verwirklicht. Im mittelalterlichen Meisenheim am Glan eröffneten sie, gegenüber der spätgotischen Schlosskirche, in einem historischen Haus gleichen Baustils ihr Atelier für Edelsteine und Schmuckdesign. In diesem Haus haben sie ihre Lebensphilosophie von der großen Freiheit mit Blick auf das Wesentliche umgesetzt. Die minimalistische, fast spartanische Inneneinrichtung ist eine Symbiose aus klaren Formen, Glas, Stahl und Holz. Sie lenkt den direkten Blick auf die in sorgfältiger Handarbeit hergestellten einzigartigen Schmuckstücke, die mit brillanten Farben und klaren Formen, gepaart mit der Liebe zum Detail, bestechen. Modernes wie auch klassisches Design und eine über 35-jährige Erfahrung verbinden sich hier mit erstklassigem Service und dem Wissen um die Erfüllung von Kundenwünschen. Der Tradition des Hauses für Juwelierkunst (Haute Joaillerie) entsprechend, entstehen im Atelier in der Amtsgasse außergewöhnliche Unikate, die aus Platin, Weiß-, Rot- oder Roségold gefertigt werden. Die verarbeiteten Edelsteine sind ausnahmslos von bester Qualität und mit großer Sorgfalt ausgesucht. In freundlicher, zuvorkommender Atmosphäre wird auf individuelle Wünsche eingegangen. Exklusivität und die Attitüde sind hier das Geheimnis für zufriedene Kunden.

DEN ALTEN CHARME BEWAHREN

Altem neues Leben einhauchen, ohne dabei den historischen Kern zu zerstören. Das ist das Motto von Schreinermeister Stefan Weiß. Mit seiner Kunstschreinerei in Kappeln, die er 2001 eröffnete, hat er sich auf die Restaurierung von Haustüren spezialisiert. Unterstützung bekommt er dabei von seiner Partnerin Anne Büttner, die erfolgreich die Prüfung zur Restauratorin im Tischlerhandwerk abgeschlossen hat. Wichtig ist den beiden, dass die alte Optik der Tür erhalten bleibt, diese aber dennoch die technischen Anforderungen von heute vorweisen kann. Dieser Leitsatz gilt bei allen Sanierungen, die im Bereich der Denkmal- oder Altbaupflege erledigt werden. Der alte Charme soll nicht zerstört, sondern wieder hervorgeholt werden. Die Stärke von Stefan Weiß und Anne Büttner liegt dabei auf dem Gebiet der Sonderanfertigungen. In ihrer Werkstatt stellen sie spezielle Teile her oder verpassen Türen und Möbelstücken nach alten Fotos und Vorlagen wieder ihr ursprüngliches Aussehen. Großen Wert legt der Schreinermeister auf die

Verwendung von heimischen Hölzern. Im Haustürenbereich sind dies vor allem Eichenhölzer, beim Möbelbau werden vorwiegend Obsthölzer eingesetzt. Individuelle Kundenwünsche setzt das erfahrene Duo problemlos um. Mit verspielten Schnitzereien verzierte Treppen sind kein Problem, ebenso wie kunstvolle Skulpturen. So ist ein Pferd, das sich nun am Ende einer Treppe lässig aufbäumt, ein absoluter Blickfang. Dies ist auch der glänzenden Oberfläche zu verdanken, die dem Tier auf den Holzleib gezaubert wurde. In der Werkstatt werden Farben und Lacke selbst zusammengemischt. Dabei setzen die beiden auf natürliche Stoffe. Zum Schutz der Holzoberfläche kommt Leinöl zum Einsatz. Auf ihr Farbkleid warten in der Werkstatt noch einige Schaukelpferde, die nach dem Vorbild nostalgischer Karussells gefertigt sind und nicht nur Kinderherzen höherschlagen lassen.

KUNSTSCHREINEREI
STEFAN WEISS

Damm 4
67744 Kappeln
Telefon 0 63 82 / 99 45 85

werkstatt@kunst-schreiner.de
www.kunst-schreiner.de

ROMANTIK HINTER ALTEN MAUERN

MÜHLE AM SCHLOSSBERG
Anja Scharff

Schlossberg 16
67681 Wartenberg-Rohrbach
Telefon 0 63 02 / 9 23 40

kontakt@muehle-schlossberg.de
www.muehle-schlossberg.de

Die Mühle am Schlossberg im Raum Kaiserslautern blickt auf eine lange Geschichte zurück. Im 16. Jahrhundert war sie eng mit dem Wirtschaftsleben der Burg Wartenberg verbunden. Noch bis in die 1970er-Jahre stand hier eine landwirtschaftliche Nutzung im Zentrum. Der Um- und Ausbau zum Hotel mit Restaurant und Veranstaltungsräumen erfolgte erst 2001. Bei der Sanierung wurde die historische Struktur mit modernen Akzenten verbunden. Das 3-Sterne-plus-Hotel bietet 17 Zimmer, die teilweise im Maisonettestil ausgebaut sind. Skulpturen von Künstlern aus der Region verleihen den Zimmern einen individuellen Charme. Die Hochzeitssuite lässt mit Himmelbett und Whirlpool keine Wünsche offen. Bei den Speisen legen Chefin Anja Scharff und ihr Team viel Wert auf hausgemachte und regionale Produkte. Die Eier liefern die eigenen Hühner und der schön angelegte Kräuter- und Gemüsegarten hält frische Zutaten für Tees und Speisen bereit. Mehr als 130 Kräuter sowie alte Bete- und Karottensorten verfeinern die kreativen Gerichte von Küchenchef Kevin Letsch. Restaurantleiter Omar el Shambri steht als ausgebildeter Sommelier den Gästen bei der Auswahl der Weine, die allesamt aus umliegenden Anbaugebieten stammen, beratend zur Seite. Das Restaurant im historischen Kreuzgewölbe bietet Platz für 34 Gäste. Bei privaten Feiern können an den langen Tafeln bis zu 100 Personen Platz nehmen. Brautpaare finden in dem historischen Ambiente eine romantische Kulisse für ihre Hochzeitsfeier. Für diese stehen die Festscheune, der idyllische Innenhof, ein parkähnliches Gelände mit Seebühne und das Hotel zur Verfügung. Tagungen können entweder drinnen oder im Freien stattfinden. Denn auf der großen Gartenterrasse oder der Seebühne im angrenzenden Skulpturenpark finden sowohl Urlauber als auch Geschäftsleute das richtige Ambiente zum Entspannen.

GENAU HINSEHEN: OFTMALS LOHNT SICH EIN GENAUER BLICK, DENN AN DEN FASSADEN DER SCHMUCKEN FACHWERKHÄUSER GIBT ES OFT KREATIVE DEKORATIONEN ZU ENTDECKEN.

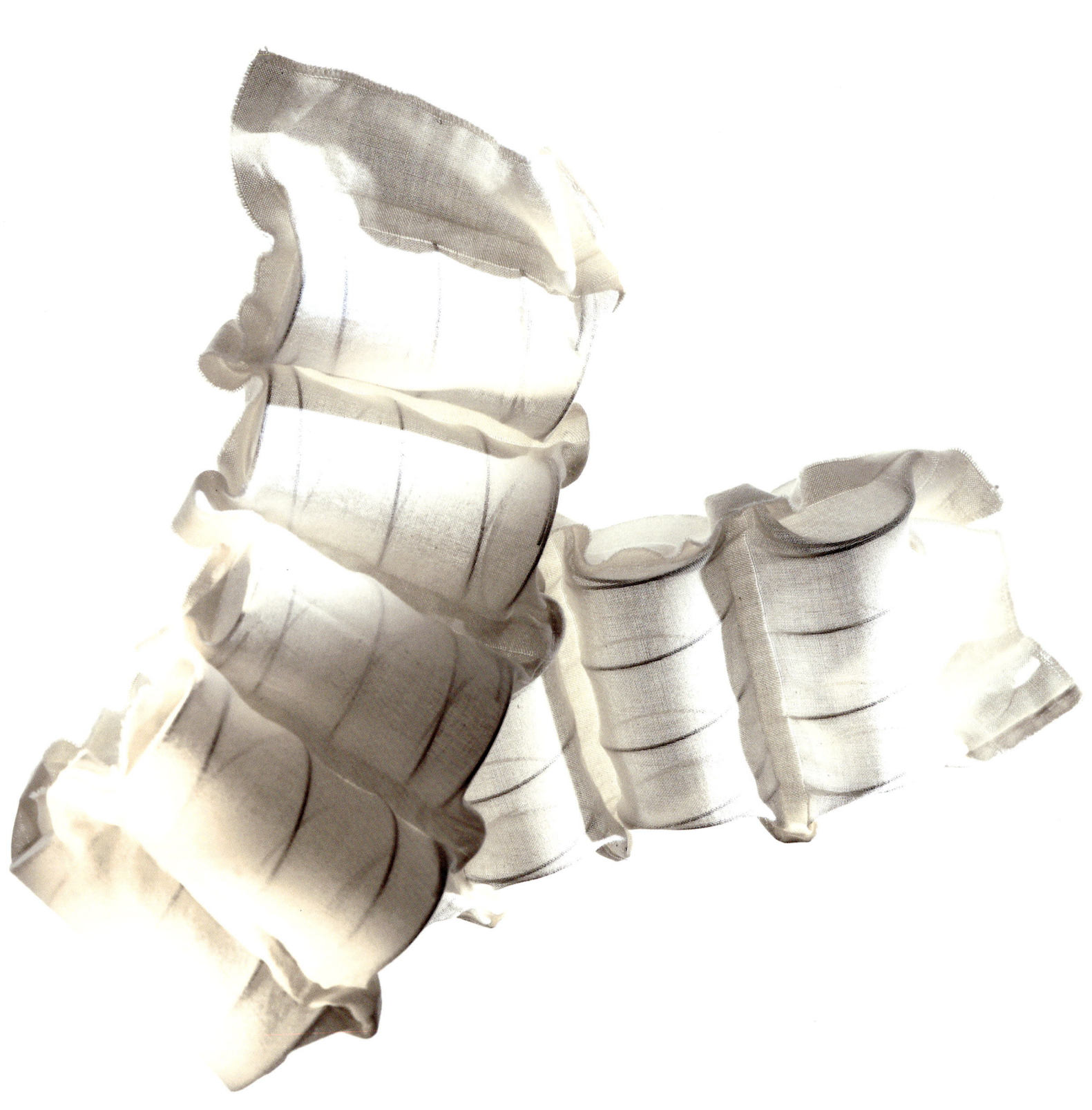

SCHLAFKOMFORT NACH MASS

Betten mit einem ganz besonderen Schlafkomfort stellt die Firma Schramm Werkstätten in Winnweiler her. Statt der herkömmlichen Schlafsysteme wie Lattenrost, Wasserbett, Schaum- oder Latexmatratze setzt Axel Schramm auf ein spezielles Zwei-Matratzen-System. Dieses zeichnet sich durch eine auf die Schlafgewohnheiten des Kunden abgestimmte Obermatratze aus, die den Körper in eine ideale anatomische Lage bettet. Die stabile Untermatratze federt zudem jede Bewegung sanft ab. Seit drei Generationen wird dieses System in der Betten-Manufaktur konsequent weiterentwickelt und verbessert. Mit Kompetenz, Verantwortungsgefühl und Disziplin hat sich das Familienunternehmen einen Namen im Bereich der Herstellung von hochwertigen Matratzen und Untermatratzen gemacht. Mit seinen eigenen Bettenkonstruktionen und

Boxspring-Systemen hat es neue Maßstäbe gesetzt. Zahlreiche Patente wie die Schulteraufnahme, die Sekundäre Contour Anpassung S.C.A. oder das Drei-Matratzen-System von Grand Cru zeigen, dass konsequente Weiterentwicklung bei Schramm Werkstätten oberste Priorität hat. In den eigenen Produktions-, Lager- und Versandgebäuden sorgen fast 200 Mitarbeiter dafür, dass die Schlafprodukte individuell auf höchstem Niveau gefertigt werden. Die Stützkraft jeder Schramm-Matratze wird durch die Wahl unterschiedlicher Federkernrezepturen individuell auf Gewicht und Anatomie des Körpers abgestimmt. Daher ist jede Matratze eine Maßanfertigung. Die Vorteile des Zwei-Matratzen-Systems: gutes, richtiges Liegen und ein optimales Bettklima. Bei der Herstellung setzt das Unternehmen auf die traditionelle Polstertechnik. Von der Qualität der Schramm-Produkte sind auch die fast 400 Fachhandelspartner überzeugt, die das Schramm-Programm fast in ganz Europa, in Russland, China, Japan und Südafrika anbieten.

SCHRAMM WERKSTÄTTEN

Am Stundenstein 1
67722 Winnweiler
Telefon 0 63 02 / 9 23 60

info@schramm-werkstaetten.de
www.schramm-werkstaetten.de

DIE QUEREINSTEIGERINNEN

WEINGUT BREMER
Familie Bremer

Brückenstraße 2
67308 Zellertal
Telefon 0 63 55 / 8 63 91 66

info@weingutbremer.de
www.weingutbremer.de

Anfang 2014 ließ sich Familie Bremer von dem im verwunschenen Zellertal gelegenen Weingut verzaubern. Die Schwestern Leah, Rebecca und Anna waren von der Anlage aus Herrenhaus, Scheunen, Stallungen und Kelterhaus so begeistert, dass sie beschlossen, ins Weingeschäft einzusteigen – als Quereinsteigerinnen. Ihre Kenntnisse aus anderen Wirtschaftszweigen bringen sie ins Unternehmen ein. Unterstützt werden sie von dem erfahrenen Oenologen Michael Acker, der für die Produktion der Weine verantwortlich ist und seine langjährigen Erfahrungen an das Schwesterngespann weitergibt. Liebevoll und aufwändig wurden die historischen Gebäude renoviert und an heutige Bedürfnisse angepasst. Insbesondere der alte Getreidespeicher, mitten im idyllischen Innenhof gelegen, wurde vollständig umgebaut und zur Vinothek umgestaltet. Heute bildet er das Herzstück des Weingutes und die stilvolle Bühne zur Präsentation außergewöhnlicher Weine. Diese werden auf einer 20 Hektar umfassenden

Rebfläche angebaut. Davon liegt ein Teil in der renommierten Grand-Cru-Lage Schwarzer Herrgott. Hier, auf dem kargen kalkigen Untergrund, fühlt sich der Riesling besonders wohl. Das zeigte sich bereits beim ersten Jahrgang 2014, mit dem die Schwestern große Aufmerksamkeit erregten. Mit Ertragsbegrenzung, selektiver Handlese und aufwändigem Holzfassausbau hatten sie es geschafft, hochwertige Weine zu kreieren. Egal ob Riesling, Spät- und Weißburgunder, Chardonnay oder Scheurebe – in der neuen Vinothek kann das vielfältige Angebot probiert werden. Donnerstags und freitags verwöhnt Köchin und Pâtissière Rebecca zudem in der Weinbar mit Leckereien, die von der französischen Küche inspiriert sind. Diese ergänzen perfekt die erlesenen Weine. Beides können die Gäste im märchenhaften Innenhof unter einer alten Linde genießen. Dieser idyllische Ort ist die perfekte Kulisse für Geburtstage oder andere private Feiern.

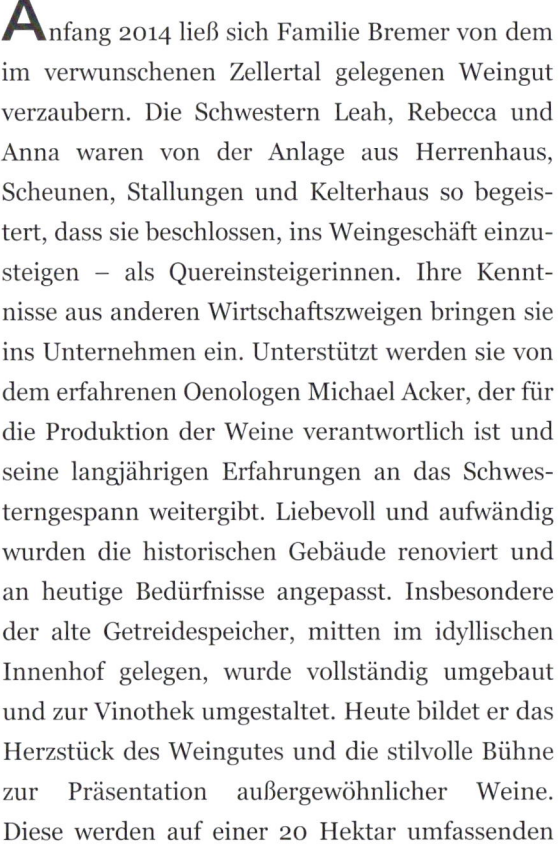

ZIMMER MIT MALERISCHER AUSSICHT

W er einen besonderen Ort zum Übernachten sucht, findet diesen im Hotel Kollektur. Im malerischen Zellertal gelegen, empfangen die 15 Komfortzimmer Geschäftsreisende oder Touristen mit einem mediterranen Ambiente, in dem man sich sofort heimisch fühlt. Familie Kiefer hat das Hotel vor 15 Jahren eröffnet. Das Gebäude schaut allerdings schon auf eine lange Geschichte zurück. 1750 gab die Universität Heidelberg einen Bau für ihre Kollektoren in Auftrag. Mit dem Einmarsch der französischen Revolutionstruppen kam schließlich 1797 das Ende der Zeller Kollektur. Nach Jahren des Leerstands, in denen es unter anderem als Weingut sowie Gaststätte genutzt wurde, erwarben es 1991 Gertraude und Manfred Kiefer, die es gemeinsam mit den Söhnen aufwändig renovierten und restaurierten. Dabei war es der Familie wichtig, den historischen Kern des Gebäudes zu erhalten. Holzfußböden und Massivholzmöbel verleihen den Zimmern einen naturbelassenen Charme. Aus dem ehemaligen Kelterhaus wurde ein Nebengebäude, in dem sich weitere Zimmer befinden, darunter auch das romantische Hoch-

zeitszimmer mit 1001-Nacht-Flair. Das Hotel Kollektur bietet nämlich einen festlichen Rahmen für private Feierlichkeiten wie Hochzeiten, Geburtstage und Jubiläen. Dafür steht auch der Weingewölbekeller zur Verfügung, dessen kuppelförmige Wände für einen urigen Charakter sorgen. Von der Terrasse und dem Gartenbereich bietet sich den Gästen ein traumhafter Blick auf die malerische Landschaft des Zellertals. Das Restaurantteam verwöhnt die Gäste mit Spezialitäten aus der regionalen deutschen Küche. Dabei wird das Angebot jeweils um saisonale Gerichte wie Spargel, Lamm, Wild usw. ergänzt. Viel Wert legt Hotelfachmann Bodo Kiefer auf die Slow-Food-Förderung. Zweimal im Jahr lädt er daher gemeinsam mit anderen Gastronomen zur Donnersberger Glan-Rind-Woche und zur Lammwoche ein.

HOTEL KOLLEKTUR
Bodo Kiefer

Zeller Hauptstraße 19
67308 Zellertal/Zell
Telefon 0 63 55 / 95 45 45

info@hotel-kollektur.de
www.hotel-kollektur.de

ADRESSVERZEICHNIS

BÄCKEREIEN & KONDITOREIEN

ALEXANDERS PATISSERIE 152
Alexander Rupp
Telefon 0173 / 6 64 12 61
alexanders-patisserie@web.de
www.alexanders-patisserie.de

BÄCKEREI JORDAN 124
Klaus Jordan
Lessingstraße 23
76887 Bad Bergzabern
Telefon 0 63 43 / 83 72
info@baeckerei-jordan.de
www.baeckerei-jordan.de

DIE KLEINE KONDITOREI 122
Thomas Wenig
Weinstraße 28
76887 Bad Bergzabern
Telefon 0 63 43 / 9 88 66 90
wenigkandel@web.de
www.thomaswenig.de

CAFÉS

CAFÉ SOLO 30
Familie Parmakerli
Hauptstraße 49
67273 Weisenheim am Berg
Telefon 0 63 53 / 95 93 49
cafesolo@online.de
www.cafesolo.de

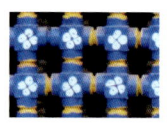

CAFÉ ZUCKERSCHNECKE 88
Barbara & Stefan Büchler
Weinstraße 30 a
76835 Rhodt unter Rietburg
Telefon 0 63 23 / 9 35 13 93
kontakt@cafe-zuckerschnecke.de
www.cafe-zuckerschnecke.de

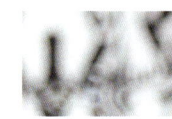

CAFÉ ZÜRN 148
Lena und Kathrin Zürn
Hauptstraße 83
66999 Hinterweidenthal
Telefon 0 63 96 / 2 34
info@cafezuern.de
www.cafezuern.de

KUNSTGENUSS 154
Olaf Mäckler & Stefan Bischof GbR
Hauptstraße 8
66953 Pirmasens
Telefon 0 63 31 / 20 96 50
info@kunstgenuss.city
www.kunstgenuss.city

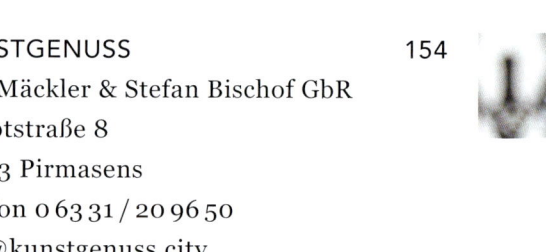

COACHING

BUNTE ERLEBNISWELT 90
Jasmin Schlimm-Thierjung
Queichheimer Hauptstraße 201
76829 Landau
Telefon 0 63 41 / 68 99 59
info@bunte-erlebniswelt.de
www.bunte-erlebniswelt.de

DEKORATION & INNENEINRICHTUNG

FRISEURE

HANDWERK

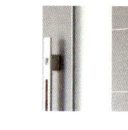
HOTELS & FERIENDOMIZILE

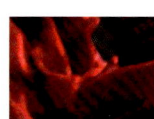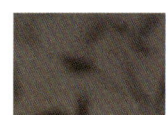

RESTAURANTS & WEINSTUBEN

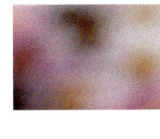

SPORT & FREIZEIT

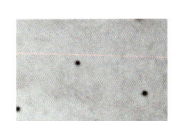

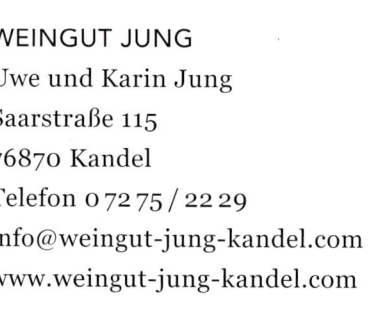

GEHÖREN ZUR REGION WIE DAS SALZ IN DER SUPPE: DIE BLÄTTER DER WEINREBEN.

BESONDERE ADRESSEN FÜR SIE ENTDECKT

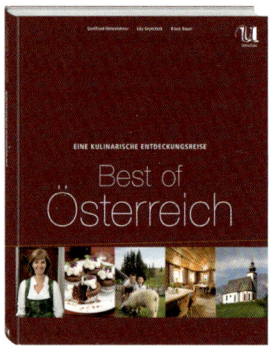

BEST OF ÖSTERREICH

224 Seiten, Hardcover
978-3-86528-883-7

EIFEL & OSTBELGIEN

160 Seiten, Hardcover
978-3-86528-879-0

**FASZINATION WELTERBE –
DEUTSCHLANDS SÜDEN**

176 Seiten, Hardcover
978-3-86528-854-7

**HAMBURG UND
DAS ALTE LAND**

152 Seiten, Hardcover
978-3-86528-887-5

**SCHÄTZE & GEHEIMTIPPS
MECKLENBURG-
VORPOMMERN**

216 Seiten, Hardcover
978-3-86528-894-3

**SCHÄTZE BODENSEE
UND OBERSCHWABEN**

192 Seiten, Hardcover
978-3-86528-556-0

**TRENDS & LIFESTYLE
ZÜRICH**

128 Seiten, Hardcover
978-3-86528-876-9

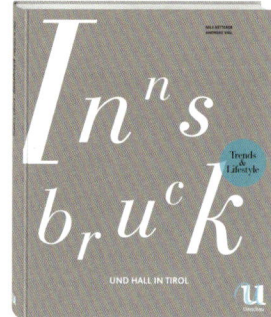

**TRENDS & LIFESTYLE
INNSBRUCK**

128 Seiten, Hardcover
978-3-86528-895-0

**LEBEN, WOHNEN &
GENIESSEN
MITTELFRANKEN**

128 Seiten, Hardcover
978-3-86528-912-4

**LEBEN, WOHNEN &
GENIESSEN
OLDENBURG**

128 Seiten, Hardcover
978-3-86528-897-4

GÄRTEN IM TESSIN

156 Seiten, Hardcover
978-3-86528-867-7

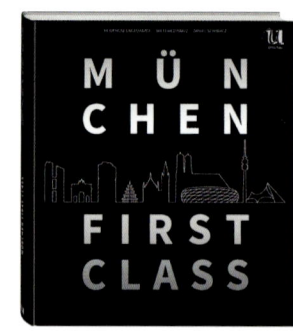

MÜNCHEN FIRST CLASS

152 Seiten, Hardcover
978-3-86528-888-2

WILD

130 Rezepte für jeden Tag
256 Seiten, Hardcover
978-3-86528-734-2

**JEDEN SONNTAG EINE
GUTE TARTE**

88 Seiten, Hardcover
978-3-86528-821-9

**DAS BESTE AUS MEINER
FRANZÖSISCHEN KÜCHE**

208 Seiten, Hardcover
978-3-86528-791-5

KLITZEKLEINE GLÜCKLICHMACHER

144 Seiten, Hardcover
978-3-86528-759-5

DER KREATIVE TISCH

Neue Dekoideen und Rezepte
für besondere Momente
256 Seiten, Hardcover
978-3-86528-801-1

DRUNTER & DRÜBER

Das Brotbackbuch &
Das Aufstrichbuch
208 Seiten, Hardcover
978-3-86528-746-5

Neuer Umschau Buchverlag GmbH

Moltkestraße 14
D-67433 Neustadt/Weinstraße

Telefon   + 49 (0) 63 21 / 8 77-833
Telefax   + 49 (0) 63 21 / 8 77-859

✉ info@umschau-buchverlag.de

f Neuer Umschau Buchverlag
🐦 Umschau_Verlag
📷 umschauverlag

🏠 www.umschau-verlag.de

IMPRESSUM

© 2016 Neuer Umschau Buchverlag GmbH,
Neustadt an der Weinstraße

RECHERCHE
Kai-Uwe Lippler, Annweiler

TEXT
Sandrina Lederer, Bad Dürkheim
Sandrina Lederer ist in Bad Dürkheim geboren. In Mannheim
widmete sie sich dem Studium der Germanistik, Anglistik
sowie Medien- und Kommunikationswissenschaften. Praktika
führten sie nach Kiel und Berlin. Als freie Autorin lebt sie
nun in Bad Dürkheim.

FOTOGRAFIE
Oliver Götz, Föhren
www.werbefotografie-goetz.de
Oliver Götz, Jahrgang 64. Nach den Stationen Film- und
Medientechnik, handwerkliche Fotografen-Ausbildung,
Studioleiter in einer Werbeagentur und Meisterschule
arbeitet Oliver Götz heute als selbstständiger Werbefotograf
mit eigenem Studio in Föhren bei Trier.

LEKTORAT, GESTALTUNG UND PRODUKTION
Kaisers Ideenreich, Neustadt an der Weinstraße
www.kaisers-ideenreich.de

LITHOGRAFIE
Blaschke Vision, Peter Blaschke, Laubach/Wetterfeld

KORREKTORAT
Andreas Lenz, Heidelberg
www.lektorat-lenz.de

KARTE
Thorsten Trantow, Herbolzheim
www.trantow-atelier.de

DRUCK UND VERARBEITUNG
NINO Druck GmbH, Neustadt an der Weinstraße
www.ninodruck.de

Printed in Germany

ISBN 978-3-86528-918-6

Wir bedanken uns für den freundlicherweise
zur Verfügung gestellten Text bei:
Steinbauer GmbH (Seite 41), Weinstube Spelzenhof (Seite 82),
Ferienwohnung im Spelzenhof (Seite 85), Pfalztheater
Kaiserslautern (Seite 179).

Wir bedanken uns für die freundlicherweise
zur Verfügung gestellten Fotos bei:
Deutsches Weininstitut DWI (Seite 17, 18, 57 unten), © Clara-Nila – Fotolia.com (Seite 57 oben), © Susan V – Fotolia.com
(Seite 60 unten), Ferienwohnung im Spelzenhof (Seite 84-85), Kurhaus Trifels (Seite 128 oben), Lösch für Freunde
(Seite 160-161), Kloster Hornbach (Seite 162-163) , Stephan
Wriecz (Seite 170), Walter Menzlaw (Seite 171 oben), GIM
Records (Seite 171 unten), Deutsches Schuhmuseum Hauenstein (Seite 172), Historisches Museum der Pfalz / André
Körner (Seite 173), Palatia Jazz (Seite 174 oben), Theader
Freinsheim (Seite 174 unten), Pfalztheater Kaiserslautern
(Seite 178-179), Kunstschreinerei Stefan Weiß (Seite 186, 187
links unten), Schramm Werkstätten (Seite 192-193).

Besuchen Sie uns im Internet:
www.umschau-verlag.de